FACEBOOK

pour les nullissimes

FACEBOOK

pour les nullissimes

Yasmina Salmandjee

F1RST
INTERACTIVE

Facebook pour les Nullissimes

Édition publiée en accord avec Wiley Publishing, Inc.

92 avenue de France
75013 Paris
Tél. : 01 44 16 09 00
Fax : 01 44 16 09 01
E-mail : firstinfo@efirst.com
Web : www.editionsfirst.fr

Imprimé en Espagne par Egedsa
ISBN : 978-2-412-06014-8
Dépôt légal : août 2020

Mise en page : Catherine Kédémos

Chapitre 1

Chapitre 2

INTRODUCTION

Vous débutez sur Facebook ? Peut-être n'avez-vous même pas encore de compte sur le plus célèbre des réseaux sociaux ? Ce livre vous est destiné. Clair et illustré, étape par étape, il vous fait découvrir l'essentiel des outils et activités mis à votre disposition par Facebook. Sa mise en pages très claire et les nombreuses astuces en font un outil indispensable pour guider vos premiers pas dans le monde de Facebook.

Ce livre est divisé en 8 chapitres :

- Le *chapitre 1* présente la page d'accueil de Facebook, la création d'un compte utilisateur et les premières options de personnalisation, ainsi que l'interface générale du site.
- Le *chapitre 2* vous guide dans des manipulations et notions essentielles, de la connexion à Facebook à l'envoi d'un message, en passant par l'affichage des notifications. Vous apprendrez également à effectuer votre toute première publication !
- Le *chapitre 3* propose d'approfondir la personnalisation de votre profil personnel.
- Le *chapitre 4* va plus loin sur le sujet des publications : ajout de couleurs, émojis, lieux, photos, lancement de séance vidéo et partage de souvenirs.
- Le *chapitre 5* est consacré aux interactions avec les membres de Facebook, en particulier vos amis.
- Le *chapitre 6* propose des activités offertes par Facebook à tous ses utilisateurs : suivre des pages, participer à des groupes ou évènements, jouer, regarder des vidéos…
- Le *chapitre 7* est dédié à un outil très utile pour communiquer en privé avec vos amis Facebook : la messagerie instantanée.
- Le *chapitre 8* passe en revue les paramétrages importants à connaître, en particulier ceux concernant la sécurité et la confidentialité.

Pour chaque tâche, vous trouverez en page de gauche les étapes numérotées, et en page de droite des illustrations légendées avec les numéros correspondants ainsi que le temps nécessaire et le degré de difficulté (facile , intermédiaire ou difficile).

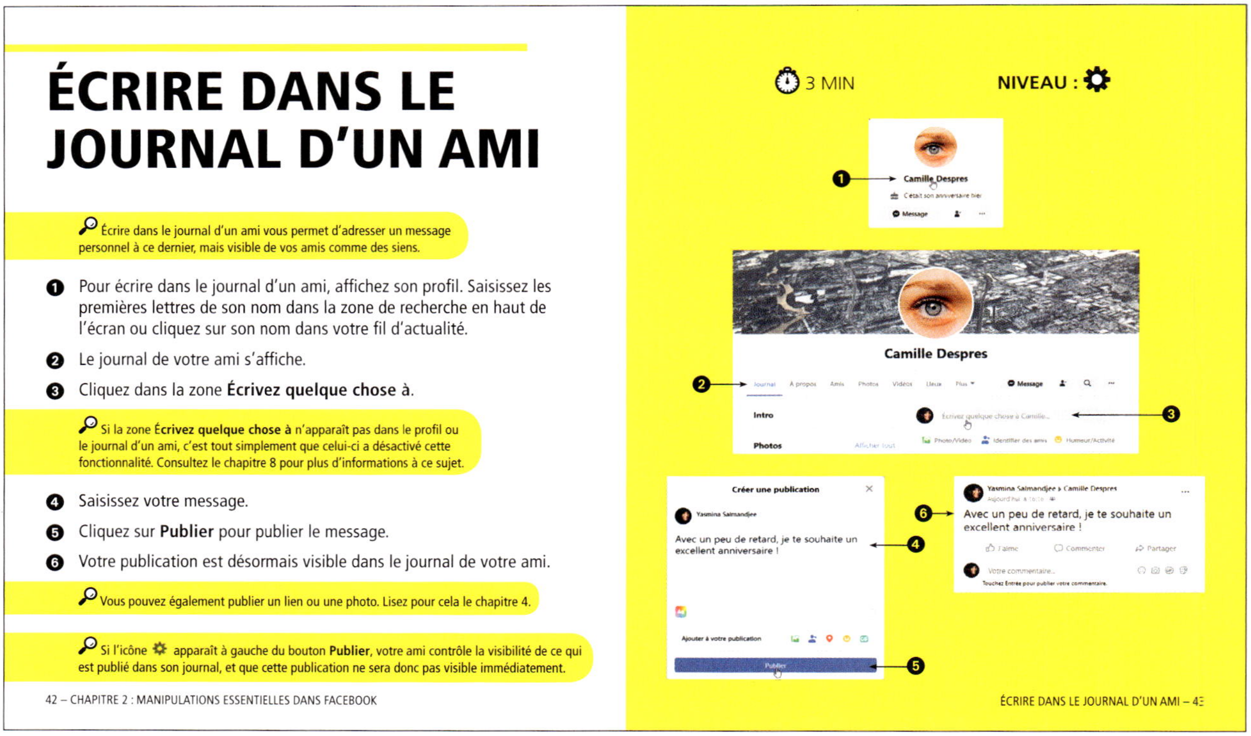

ÉCRIRE DANS LE JOURNAL D'UN AMI

Écrire dans le journal d'un ami vous permet d'adresser un message personnel à ce dernier, mais visible de vos amis comme des siens.

1. Pour écrire dans le journal d'un ami, affichez son profil. Saisissez les premières lettres de son nom dans la zone de recherche en haut de l'écran ou cliquez sur son nom dans votre fil d'actualité.
2. Le journal de votre ami s'affiche.
3. Cliquez dans la zone **Écrivez quelque chose à**.

Si la zone **Écrivez quelque chose à** n'apparaît pas dans le profil ou le journal d'un ami, c'est tout simplement que celui-ci a désactivé cette fonctionnalité. Consultez le chapitre 8 pour plus d'informations à ce sujet.

4. Saisissez votre message.
5. Cliquez sur **Publier** pour publier le message.
6. Votre publication est désormais visible dans le journal de votre ami.

Vous pouvez également publier un lien ou une photo. Lisez pour cela le chapitre 4.

Si l'icône apparaît à gauche du bouton **Publier**, votre ami contrôle la visibilité de ce qui est publié dans son journal, et que cette publication ne sera donc pas visible immédiatement.

42 – CHAPITRE 2 : MANIPULATIONS ESSENTIELLES DANS FACEBOOK

ÉCRIRE DANS LE JOURNAL D'UN AMI – 43

Ces paragraphes fournissent des informations complémentaires ou des astuces d'utilisation.

Bonne lecture !

CHAPITRE 1

BIENVENUE SUR FACEBOOK

Prêt à vous lancer sur Facebook ? Rien de plus simple ! La première étape consiste à créer votre compte : il suffit pour cela de disposer d'une adresse e-mail ou d'un numéro de téléphone mobile. Vous pourrez dès lors partir à la recherche de vos premiers amis et afficher votre fil d'actualité ou votre journal Facebook.

- Afficher la page d'accueil de Facebook
- Créer un compte Facebook
- Explorer l'interface de Facebook
- Choisir une photo de profil
- Rechercher et ajouter un ami
- Accepter ou refuser une invitation
- Afficher le fil d'actualité et le journal
- Accéder aux options de son compte Facebook
- Accéder à l'aide de Facebook
- Se déconnecter de Facebook

AFFICHER LA PAGE D'ACCUEIL DE FACEBOOK

1. Ouvrez votre navigateur Web (Internet Explorer, Edge, Firefox, Safari, *etc.*).
2. Cliquez dans la barre d'adresses.
3. Saisissez l'adresse de la page d'accueil de Facebook : **`www.facebook.com`**.
4. La page d'accueil de Facebook s'affiche.

Le site s'ouvre et doit en principe détecter l'usage du français sur votre ordinateur, puis s'afficher automatiquement dans cette langue.

Vous pouvez aussi accéder à cette page sur une tablette ou un smartphone : touchez l'icône de l'application de navigation sur le Web et saisissez l'adresse **`www.facebook.com`**. Vous serez automatiquement dirigé vers la version mobile du site de Facebook.

Si vous possédez déjà un compte Facebook, connectez-vous (voir chapitre 2).

1 MIN

NIVEAU :

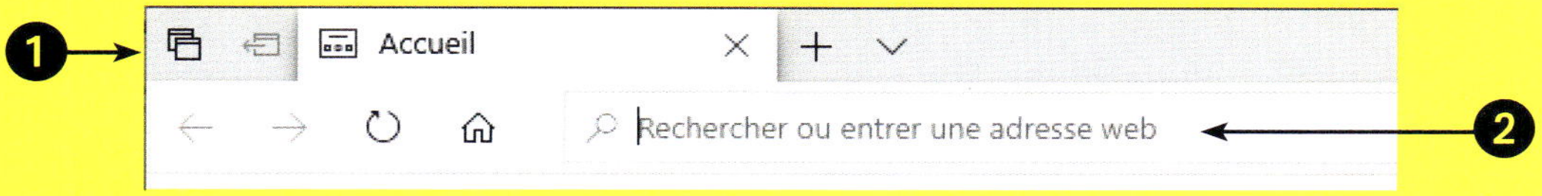
1
Accueil
Rechercher ou entrer une adresse web
2

www.facebook.com/
https://www.facebook.com
3

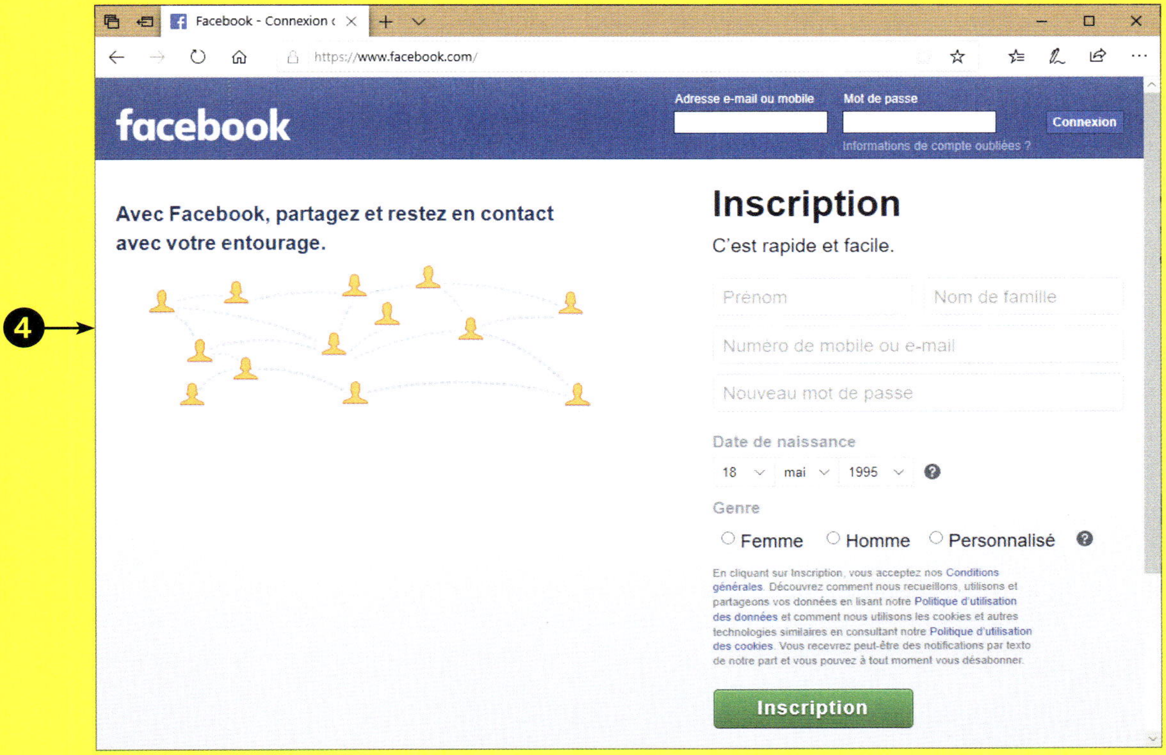
4
Facebook - Connexion
https://www.facebook.com/
facebook
Adresse e-mail ou mobile
Mot de passe
Connexion
Informations de compte oubliées ?
Avec Facebook, partagez et restez en contact avec votre entourage.
Inscription
C'est rapide et facile.
Prénom
Nom de famille
Numéro de mobile ou e-mail
Nouveau mot de passe
Date de naissance
18 mai 1995
Genre
Femme
Homme
Personnalisé
En cliquant sur Inscription, vous acceptez nos Conditions générales. Découvrez comment nous recueillons, utilisons et partageons vos données en lisant notre Politique d'utilisation des données et comment nous utilisons les cookies et autres technologies similaires en consultant notre Politique d'utilisation des cookies. Vous recevrez peut-être des notifications par texto de notre part et vous pouvez à tout moment vous désabonner.
Inscription

CRÉER UN COMPTE FACEBOOK

1. Le début du formulaire d'inscription se trouve sur la page d'accueil, dans la partie droite. Indiquez votre (vrai) prénom et votre (vrai) nom, ainsi que votre adresse e-mail ou votre numéro de téléphone mobile (deux fois, pour éviter les erreurs de saisie).
2. Indiquez un mot de passe.

Bien entendu, votre mot de passe doit rester confidentiel.

3. Renseignez votre date de naissance et votre sexe.
4. Cliquez sur le bouton **Inscription**.
5. Avant de continuer à utiliser Facebook, vous devez confirmer votre adresse e-mail ou numéro de téléphone grâce à un code reçu par message. Consultez votre messagerie et cliquez sur le bouton **Confirmer votre compte**.
6. Vous pouvez également saisir le code indiqué dans le message, puis cliquer sur **Continuer**.

Facebook est réservé aux plus de 13 ans, avec des restrictions spécifiques aux mineurs entre 13 et 18 ans. C'est la raison pour laquelle vous devez indiquer votre date de naissance.

2 MIN

NIVEAU :

1
2

3
3
4

5
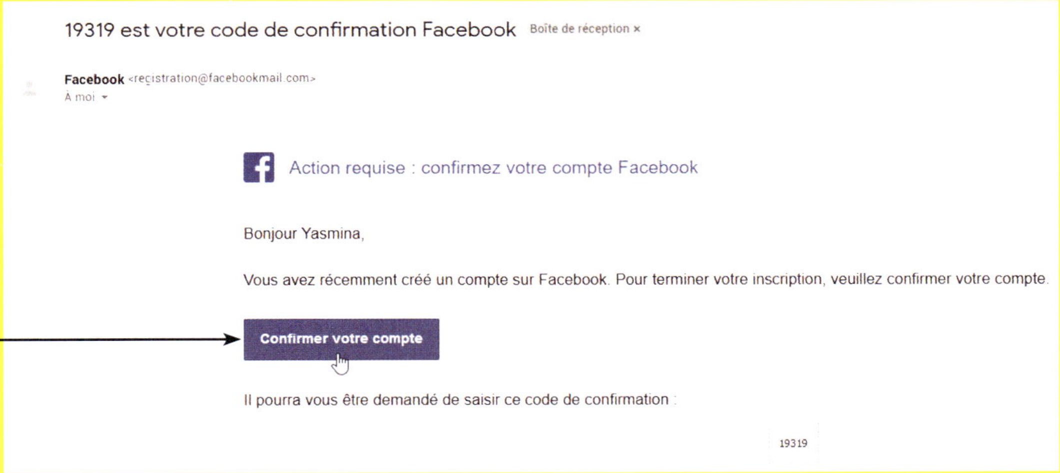

6

EXPLORER L'INTERFACE DE FACEBOOK

L'interface de Facebook peut légèrement varier selon les utilisateurs et leurs habitudes. Voici néanmoins les principaux éléments la constituant.

1. permet de revenir à tout moment à la page d'accueil de Facebook et d'actualiser le fil d'actualité.
2. La zone **Rechercher sur Facebook** permet de trouver tout élément sur Facebook : membre, publication, page... Elle affiche également l'historique des dernières recherches.
3. La barre d'outils de navigation permet d'accéder aux principaux modules de Facebook.
4. affiche le fil d'actualité et les publications de vos amis.
5. affiche les éventuelles pages Facebook que vous gérez.
6. affiche Facebook Watch (pour regarder des vidéos).
7. affiche les demandes d'amis en attente ou acceptées.
8. affiche les jeux Facebook.

3 MIN

NIVEAU :

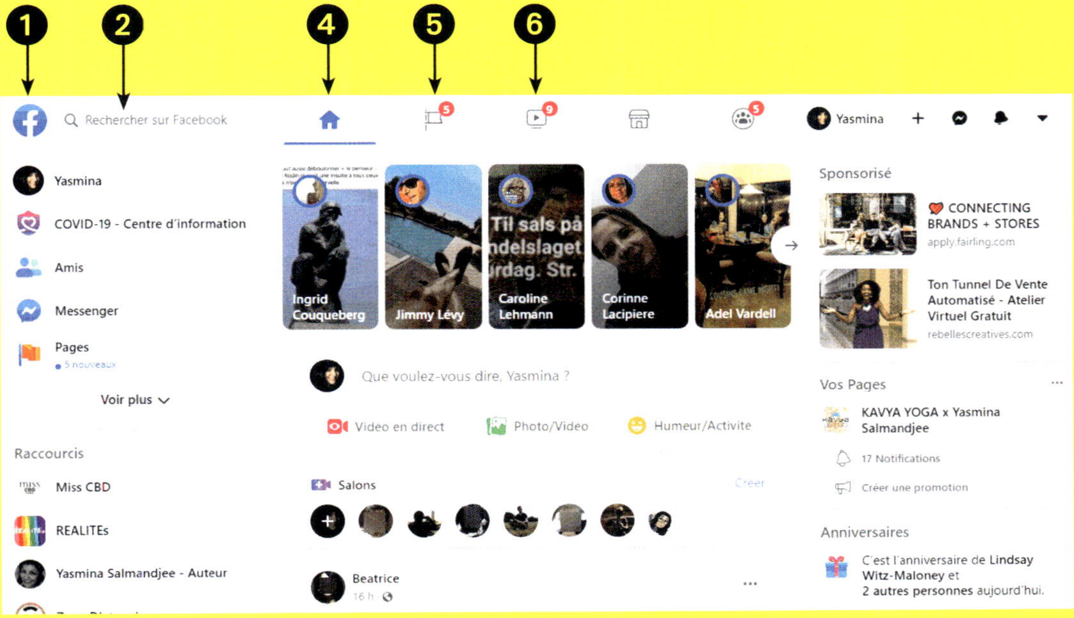
1
2
4
5
6
Rechercher sur Facebook
Yasmina
Yasmina
COVID-19 - Centre d'information
Amis
Messenger
Pages
Voir plus
Raccourcis
Miss CBD
REALITEs
Yasmina Salmandjee - Auteur
Ingrid Couqueberg
Jimmy Lévy
Caroline Lehmann
Corinne Lacipiere
Adel Vardell
Que voulez-vous dire, Yasmina ?
Video en direct
Photo/Video
Humeur/Activite
Salons
Créer
Beatrice
16 h
Sponsorisé
CONNECTING BRANDS + STORES
apply.fairling.com
Ton Tunnel De Vente Automatisé - Atelier Virtuel Gratuit
rebellescreatives.com
Vos Pages
KAVYA YOGA x Yasmina Salmandjee
17 Notifications
Créer une promotion
Anniversaires
C'est l'anniversaire de Lindsay Witz-Maloney et 2 autres personnes aujourd'hui.

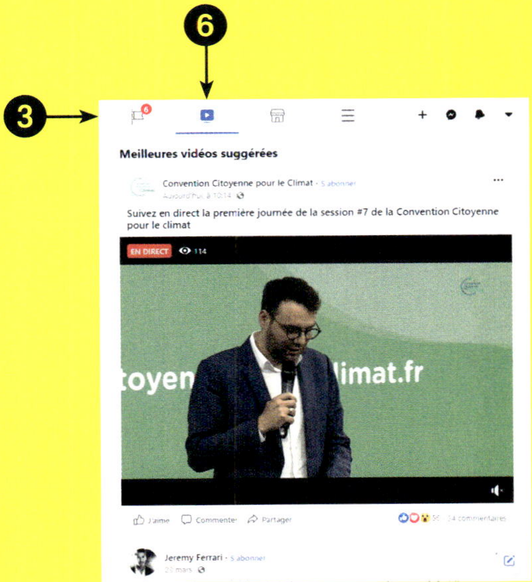
6
3
Meilleures vidéos suggérées
Convention Citoyenne pour le Climat
Suivez en direct la première journée de la session #7 de la Convention Citoyenne pour le climat
EN DIRECT
114
toyen
limat.fr
Jeremy Ferrari

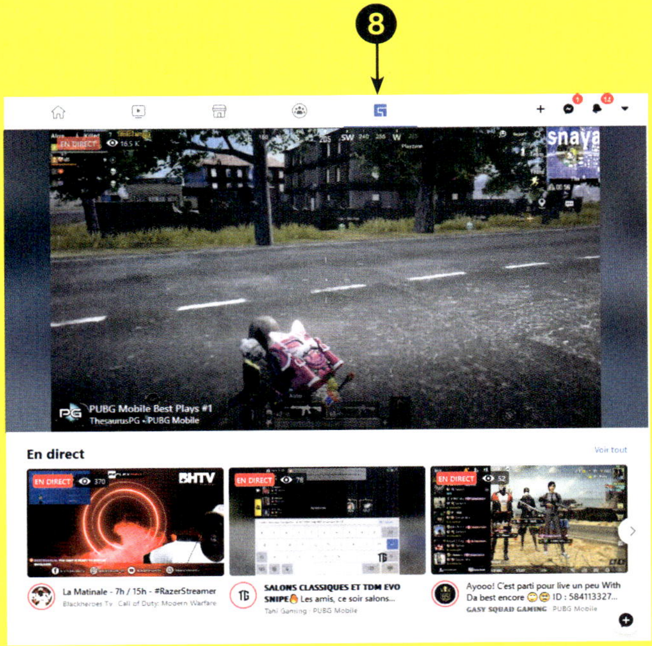
8
EN DIRECT
PUBG Mobile Best Plays #1
ThesaurusPG - PUBG Mobile
En direct
Voir tout
La Matinale - 7h / 15h - #RazerStreamer
SALONS CLASSIQUES ET TDM EVO
Ayooo! C'est parti pour live un peu With Da best encore

EXPLORER L'INTERFACE DE FACEBOOK (SUITE)

❾ affiche Facebook Marketplace.

❿ affiche les groupes dont vous êtes membre.

⓫ Un chiffre dans une pastille rouge sur un bouton signale une notification à consulter. Cliquez dessus pour l'afficher.

Consultez le chapitre 6 pour plus d'informations sur Facebook Watch, Facebook Marketplace et les groupes Facebook.

3 MIN

NIVEAU :

9

11

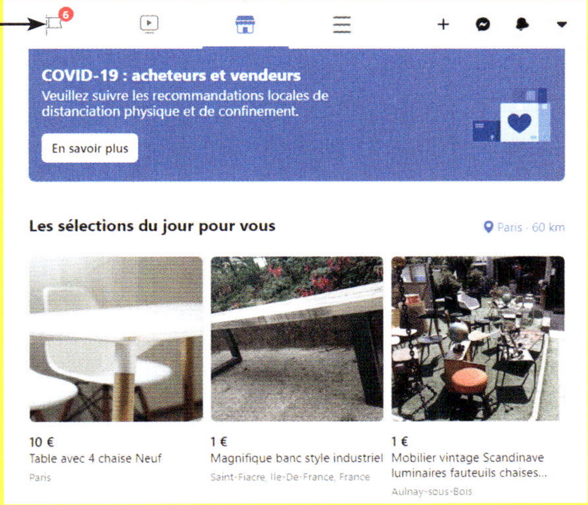

10

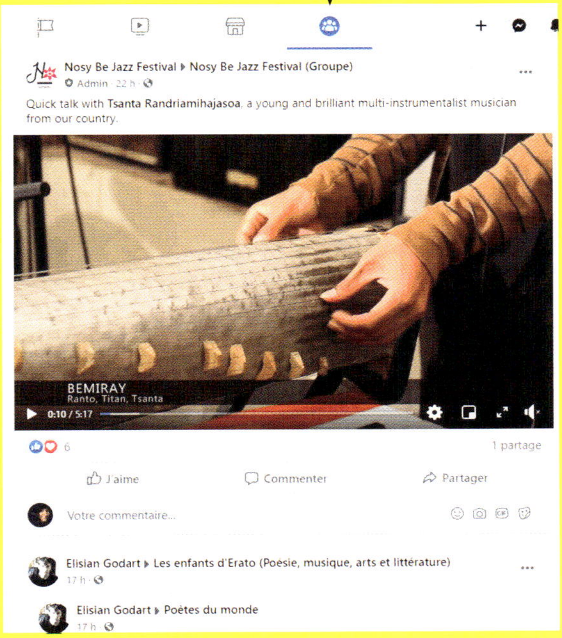

EXPLORER L'INTERFACE DE FACEBOOK (SUITE)

⓬ Le menu des notifications et paramètres affiche votre prénom. Cliquez sur cette zone pour afficher votre propre journal Facebook.

⓭ + affiche les outils de création de Facebook. Choisissez une option pour créer une publication, ajouter un élément à votre story ou un évènement marquant.

Consultez le chapitre 4 pour plus d'informations sur les publications et stories, et le chapitre 6 sur les pages, groupes et évènements.

⓮ donne accès à Messenger, la messagerie instantanée de Facebook.

Consultez le chapitre 7 pour plus d'informations sur Messenger.

⓯ regroupe les diverses notifications concernant vos activités sur Facebook.

⓰ affiche les paramètres et l'aide de Facebook.

Consultez le chapitre 8 pour plus d'informations sur les paramètres de Facebook.

3 MIN

NIVEAU :

12
13
14
15
16
Yasmina
Créer
Publication
Partagez une publication sur le fil d'actualité.
Évènement marquant
Ajoutez un évènement marquant sur votre profil.
Page
Communiquez et partagez avec vos clients ou fans.
Publicité
Faites la promotion de votre entreprise, votre marque ou votre organisation.
Groupe
Communiquez avec des personnes qui partagent vos centres d'intérêt.
Évènement
Rassemblez les gens autour d'un évènement public ou privé.
Petite annonce Marketplace
Vendez des articles aux membres de votre communauté.
Collecte de fonds
Levez des fonds pour une cause qui vous tient à cœur.

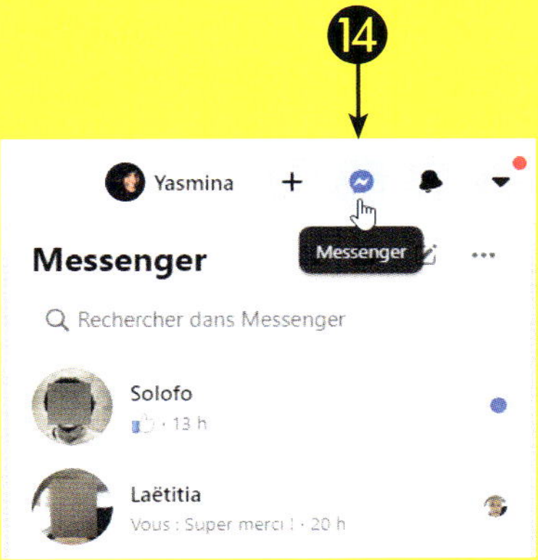

14
Yasmina
Messenger
Messenger
Rechercher dans Messenger
Solofo
· 13 h
Laëtitia
Vous : Super merci ! · 20 h

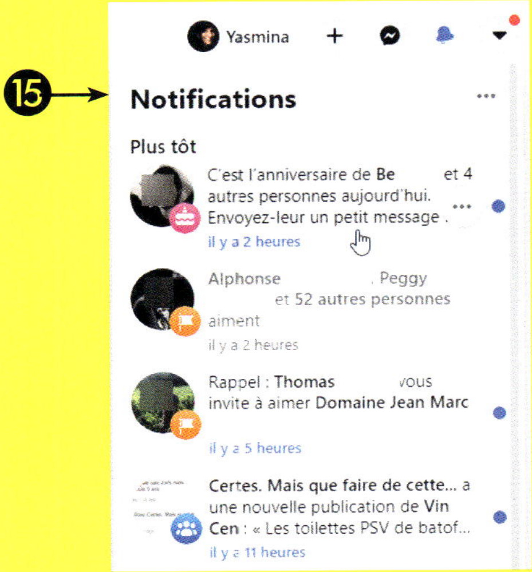

15
Yasmina
Notifications
Plus tôt
C'est l'anniversaire de Be et 4 autres personnes aujourd'hui. Envoyez-leur un petit message .
il y a 2 heures
Alphonse , Peggy et 52 autres personnes aiment
il y a 2 heures
Rappel : Thomas vous invite à aimer Domaine Jean Marc
il y a 5 heures
Certes. Mais que faire de cette... a une nouvelle publication de Vin Cen : « Les toilettes PSV de batof...
il y a 11 heures

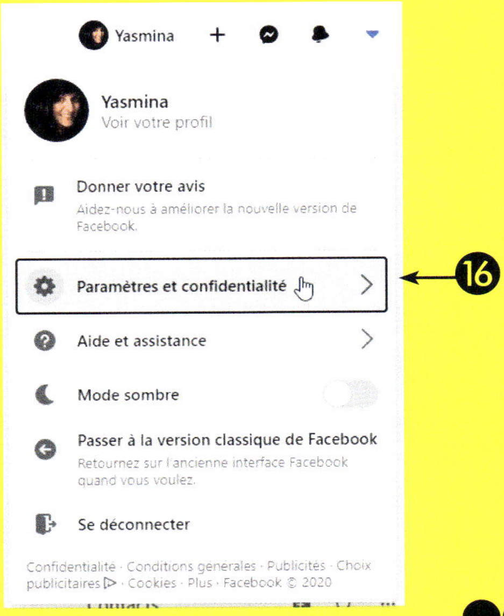

Yasmina
Yasmina
Voir votre profil
Donner votre avis
Aidez-nous à améliorer la nouvelle version de Facebook.
Paramètres et confidentialité
16
Aide et assistance
Mode sombre
Passer à la version classique de Facebook
Retournez sur l'ancienne interface Facebook quand vous voulez.
Se déconnecter
Confidentialité · Conditions générales · Publicités · Choix publicitaires · Cookies · Plus · Facebook © 2020

EXPLORER L'INTERFACE DE FACEBOOK (SUITE)

17 Le menu latéral gauche donne accès à des rubriques spécifiques de Facebook. Il est organisé en fonction de vos habitudes et préférences. Cliquez sur votre nom pour afficher votre journal et sur une rubrique pour y accéder.

18 La zone centrale est celle qui est en permanence mise à jour au gré des partages et publications de votre réseau. Elle affiche l'onglet correspondant au bouton sélectionné de la barre de navigation (le fil d'actualité et les publications de vos amis, par défaut).

Consultez le chapitre 4 pour plus d'informations sur les publications.

19 La partie latérale droite affiche des publications sponsorisées, c'est-à-dire des publicités, et des informations sur vos contacts, ainsi qu'un accès à la messagerie instantanée. Cliquez sur ⊕ pour créer un nouveau message.

3 MIN

NIVEAU :

17

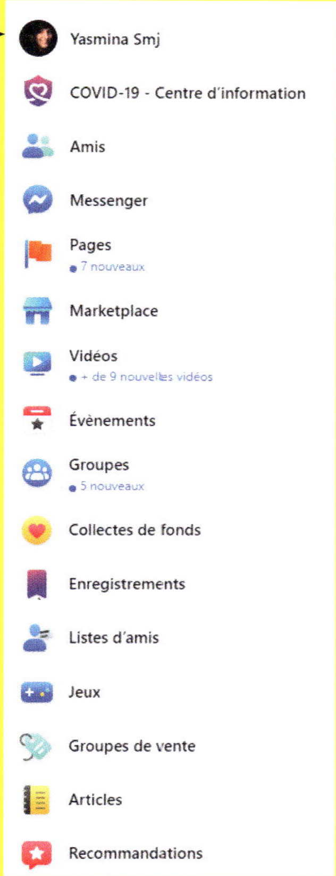

18

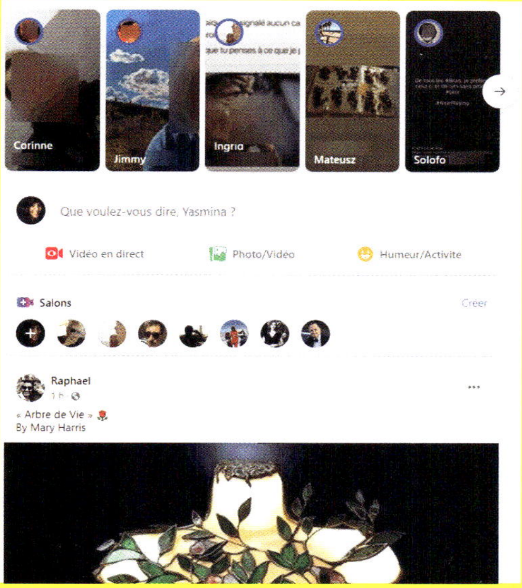

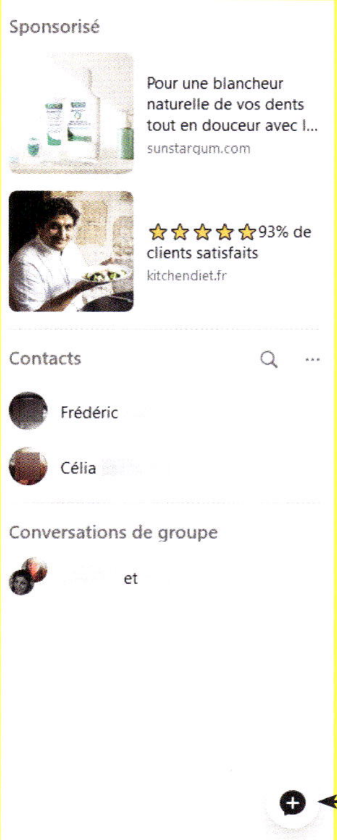

19

CHOISIR UNE PHOTO DE PROFIL

❶ Cliquez sur **Ajouter une photo** pour choisir une photo sur votre ordinateur.

L'option **Prendre une photo** permet de prendre une photo sur le vif avec votre webcam ou l'appareil photo de votre smartphone ou tablette, mais il n'est pas évident d'obtenir ainsi des clichés de qualité.

❷ Localisez la photo dans votre bibliothèque d'images et double-cliquez dessus pour la sélectionner et la télécharger.

Pour choisir votre photo plus facilement, affichez vos images sous la forme de grandes icônes en cliquant sur le bouton **Changer l'affichage** dans l'Explorateur de fichiers (Windows) ou sur **Taille des icônes** dans le Finder (Mac).

❸ Patientez pendant que la photo se transfère.

❹ La photo est à présent associée à votre profil.

2 MIN

NIVEAU :

Bienvenue sur Facebook, Yasmina
Importez une photo de profil
Ajouter une photo
– ou –
Prendre une photo
avec votre webcam
1

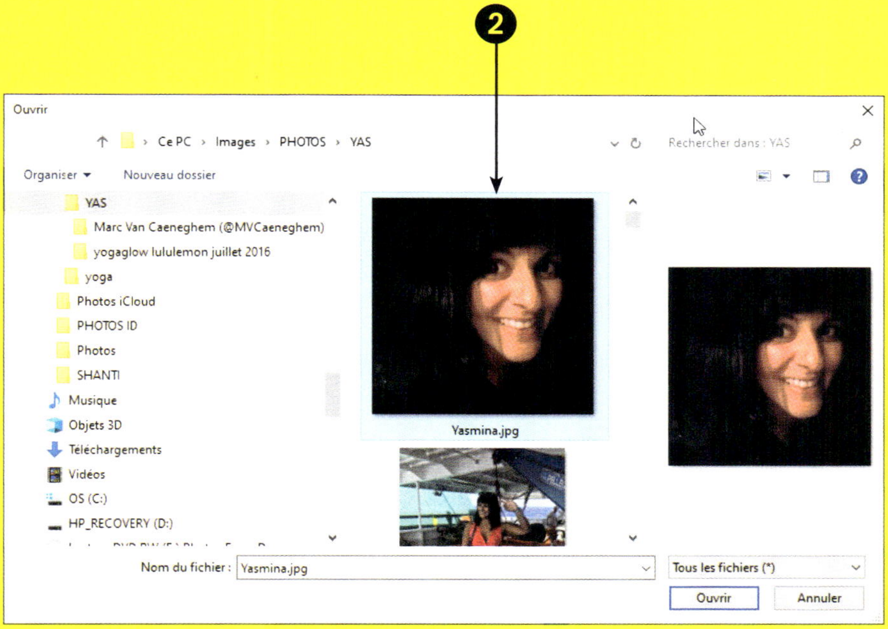
2
Ouvrir
Ce PC › Images › PHOTOS › YAS
Rechercher dans : YAS
Organiser
Nouveau dossier
YAS
Marc Van Caeneghem (@MVCaeneghem)
yogaglow lululemon juillet 2016
yoga
Photos iCloud
PHOTOS ID
Photos
SHANTI
Musique
Objets 3D
Téléchargements
Vidéos
OS (C:)
HP_RECOVERY (D:)
Yasmina.jpg
Nom du fichier :
Yasmina.jpg
Tous les fichiers (*)
Ouvrir
Annuler

3
Yasmina Salmandjee a modifié sa photo de profil
À l'instant
4

RECHERCHER ET AJOUTER UN AMI

Si vous connaissez déjà des personnes de votre entourage membres de Facebook, vous pouvez à présent les rechercher afin de les ajouter en tant qu'amis. Vous pouvez, par exemple, effectuer une recherche parmi les membres de votre famille.

1. Dans la barre d'outils, cliquez dans la zone **Rechercher**.
2. Saisissez le prénom et le nom de la personne. Les premiers résultats s'affichent.
3. Si la personne recherchée apparaît, cliquez sur son nom.
4. Pour voir plus de résultats, cliquez sur la loupe puis sur le nom de la personne, si elle figure dans la liste.
5. Le profil public de la personne apparaît. Cliquez sur le bouton **Ajouter** pour lui envoyer une invitation à rejoindre votre liste d'amis.

Vous devez attendre que votre contact accepte votre invitation pour qu'il fasse partie de vos amis Facebook.

Il se peut aussi très bien que la personne recherchée ne soit pas (encore) inscrite sur Facebook. Il est fort probable que les recherches de noms assez communs produisent de nombreux résultats avec des homonymes. Dans ce cas, regardez bien les photos ou la liste de vos amis en commun.

3 MIN

NIVEAU :

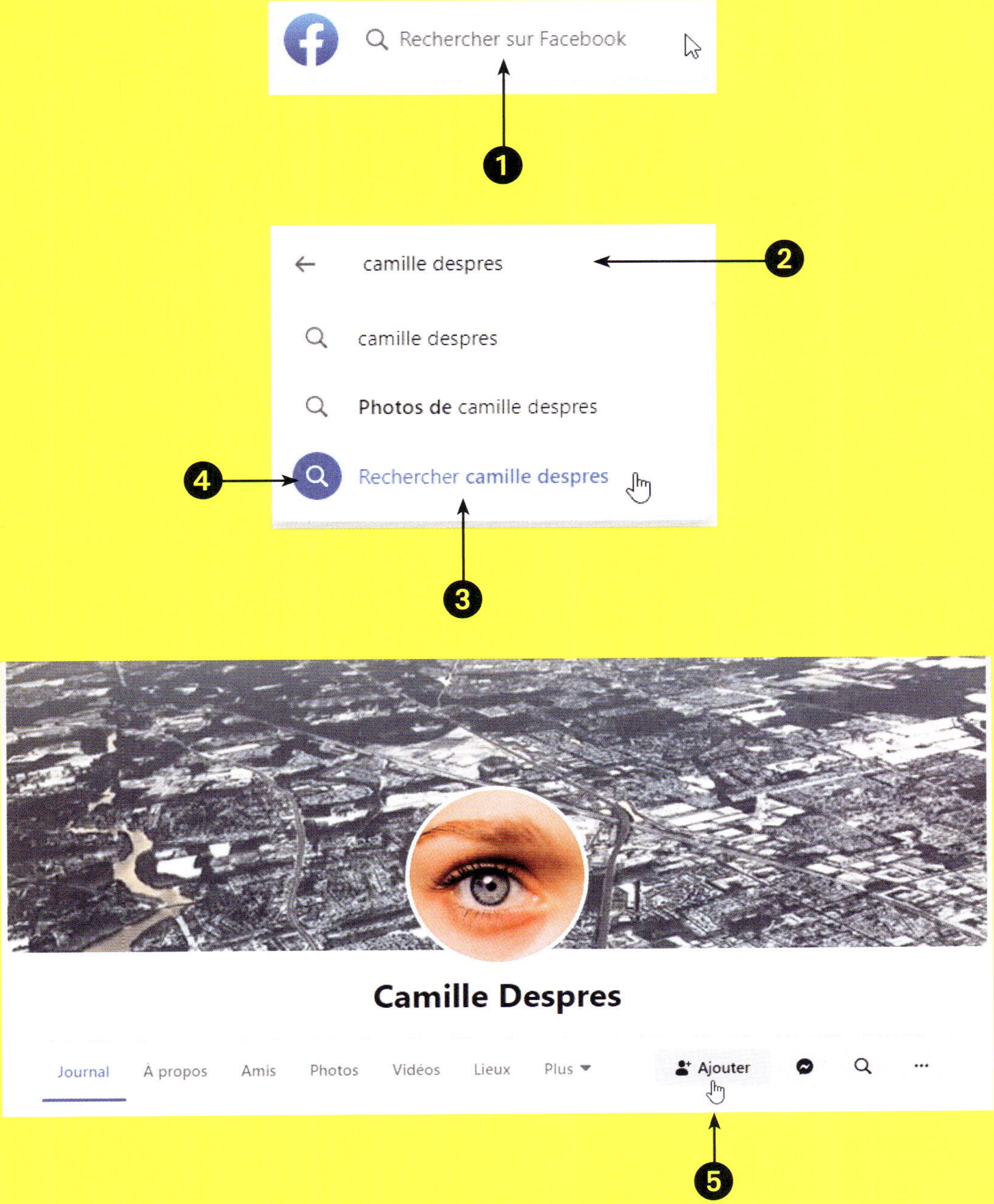

Rechercher sur Facebook
1
camille despres
2
camille despres
Photos de camille despres
4
Rechercher camille despres
3
Camille Despres
Journal
À propos
Amis
Photos
Vidéos
Lieux
Plus
Ajouter
5

ACCEPTER OU REFUSER UNE INVITATION

1. Lorsqu'une personne souhaite vous ajouter à sa liste d'amis, vous recevez une notification d'invitation.
2. Une notification apparaît aussi sur l'icône **Notifications** en haut à droite de votre page Facebook. Cliquez dessus pour afficher les détails.

> Avant d'accepter ou d'ignorer une demande, vous pouvez cliquer sur le nom de la personne pour voir son profil public.

3. Pour accepter la demande d'ajout, cliquez sur **Confirmer**. Une fois la demande acceptée, la personne rejoint votre réseau d'amis Facebook.
4. Pour refuser l'invitation (la personne qui l'a envoyée n'en saura rien), cliquez sur **Supprimer**.

> Vous pouvez à tout moment supprimer une personne de votre liste d'amis, et même la « bloquer » en cas de problème (voir chapitre 5).

1 MIN

NIVEAU :

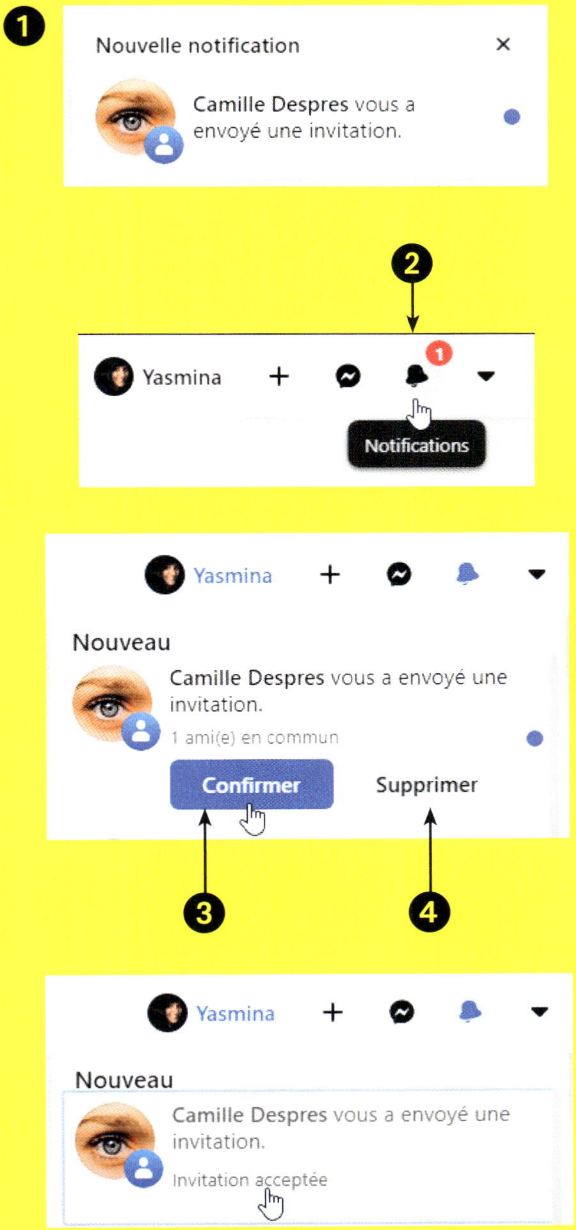

1
Nouvelle notification
Camille Despres vous a envoyé une invitation.
2
Yasmina
1
Notifications
Yasmina
Nouveau
Camille Despres vous a envoyé une invitation.
1 ami(e) en commun
Confirmer
Supprimer
3
4
Yasmina
Nouveau
Camille Despres vous a envoyé une invitation.
Invitation acceptée

AFFICHER LE FIL D'ACTUALITÉ ET LE JOURNAL

1. Le fil d'actualité est l'ensemble des publications partagées par votre réseau Facebook. C'est lui qui s'affiche par défaut lorsque vous vous connectez à Facebook.

2. Pour afficher ou actualiser votre fil d'actualité, cliquez sur le bouton **Facebook** en haut à gauche de la page.

3. Le journal, aussi parfois appelé *profil*, affiche l'ensemble des informations vous concernant et partagées par vos soins sur Facebook : amis, photos, lieux, publications et événements que vous aurez bien voulu signaler. Le tout est présenté sous la forme d'une chronologie, se déroulant du moment présent à votre naissance. C'est en quelque sorte votre fiche d'identité sur Facebook.

4. Pour afficher votre journal, à tout moment, il suffit de cliquer sur votre prénom, dans la barre d'outils Facebook en haut d'écran.

1 MIN

NIVEAU :

1 2

2

3

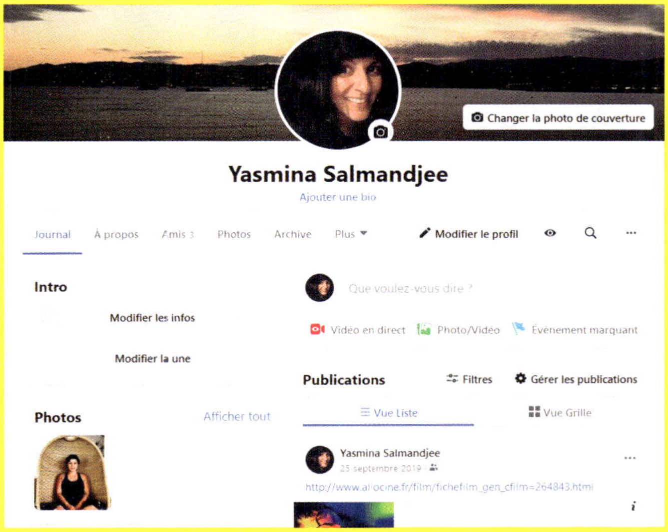

4

ACCÉDER AUX OPTIONS DE VOTRE COMPTE FACEBOOK

1. Pour accéder aux réglages concernant votre compte, cliquez sur ▾ en haut à droite de la fenêtre.
2. Cliquez sur **Paramètres et confidentialité**.
3. Cliquez sur **Paramètres**.
4. La page qui s'affiche permet de gérer toutes les options relatives à votre compte Facebook : vos coordonnées de messagerie et le mot de passe, par exemple, dans la catégorie **Général**.
5. Cliquez sur **Sécurité et connexion** dans la barre de menus à gauche pour accéder à des réglages avancés de votre compte.

Nous reviendrons en détail sur tous ces paramétrages plus loin dans ce livre.

1 MIN

NIVEAU :

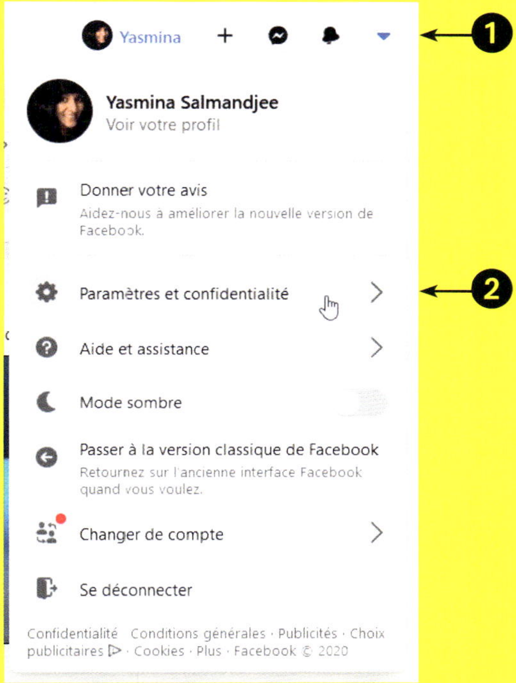
Yasmina
1
Yasmina Salmandjee
Voir votre profil
Donner votre avis
Aidez-nous à améliorer la nouvelle version de Facebook.
Paramètres et confidentialité
2
Aide et assistance
Mode sombre
Passer à la version classique de Facebook
Retournez sur l'ancienne interface Facebook quand vous voulez.
Changer de compte
Se déconnecter
Confidentialité · Conditions générales · Publicités · Choix publicitaires · Cookies · Plus · Facebook © 2020

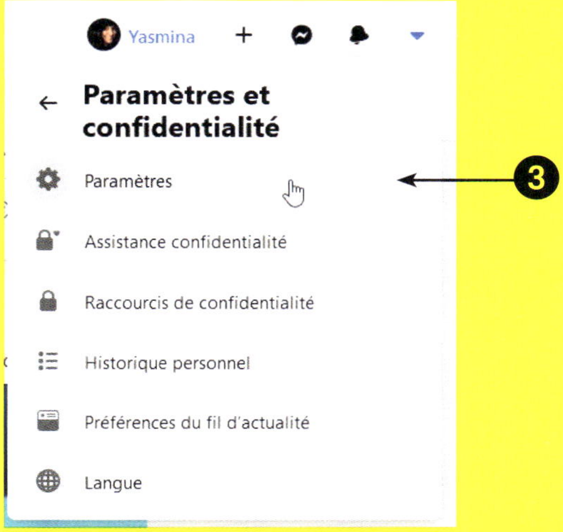
Yasmina
Paramètres et confidentialité
Paramètres
3
Assistance confidentialité
Raccourcis de confidentialité
Historique personnel
Préférences du fil d'actualité
Langue

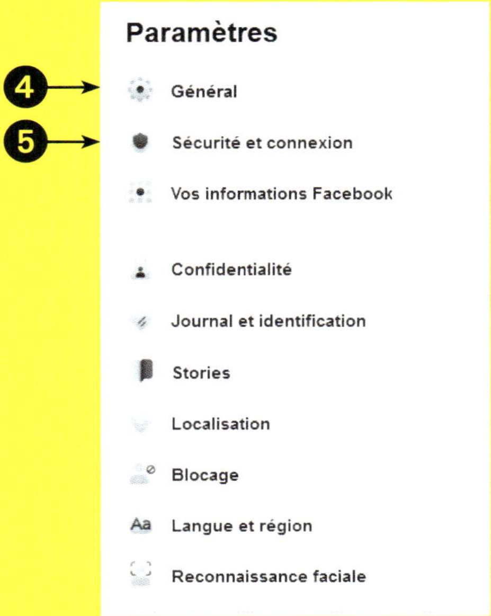
Paramètres
4
Général
5
Sécurité et connexion
Vos informations Facebook
Confidentialité
Journal et identification
Stories
Localisation
Blocage
Langue et région
Reconnaissance faciale

ACCÉDER À L'AIDE DE FACEBOOK

1. Pour accéder aux différentes rubriques d'aide de Facebook, cliquez sur ▾ en haut à droite de la fenêtre.
2. Cliquez sur **Aide et assistance**.
3. Choisissez une option. **Pages d'aide** donne accès à des questions-réponses sur l'utilisation du site. Saisissez un ou plusieurs mots à rechercher pour consulter les pages d'aide associées.
4. **Espace Assistance** permet de suivre l'évolution de signalements que vous avez effectués, de consulter les messages de l'équipe d'assistance et d'afficher les messages importants de votre compte.
5. **Signaler un problème** permet de donner votre avis à Facebook.

Le signalement de publications ou de comptes est abordé au chapitre 5.

À l'heure où ces lignes sont écrites, l'option Communauté d'aide, un forum d'aide entre utilisateurs, n'est pas disponible en français.

1 MIN

NIVEAU :

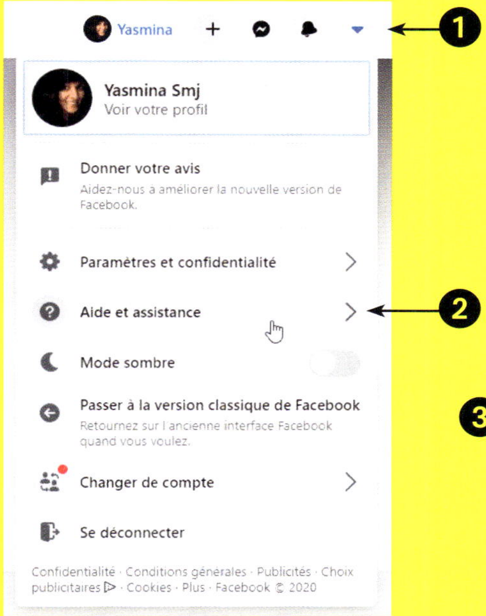
Yasmina
1
Yasmina Smj
Voir votre profil
Donner votre avis
Aidez-nous à améliorer la nouvelle version de Facebook.
Paramètres et confidentialité
Aide et assistance
2
Mode sombre
Passer à la version classique de Facebook
Retournez sur l'ancienne interface Facebook quand vous voulez.
Changer de compte
Se déconnecter
Confidentialité · Conditions générales · Publicités · Choix publicitaires · Cookies · Plus · Facebook © 2020

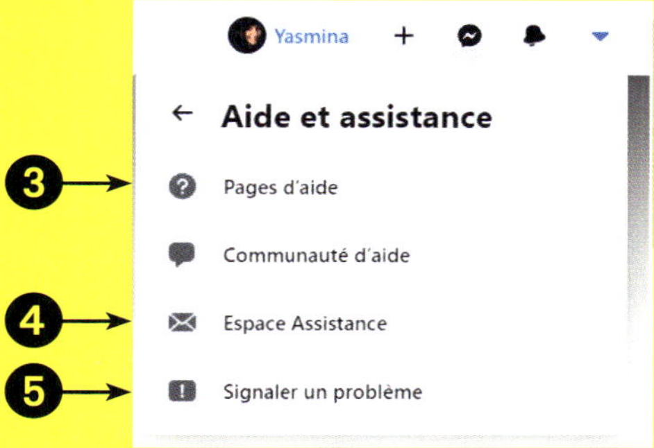
Yasmina
Aide et assistance
3
Pages d'aide
Communauté d'aide
4
Espace Assistance
5
Signaler un problème

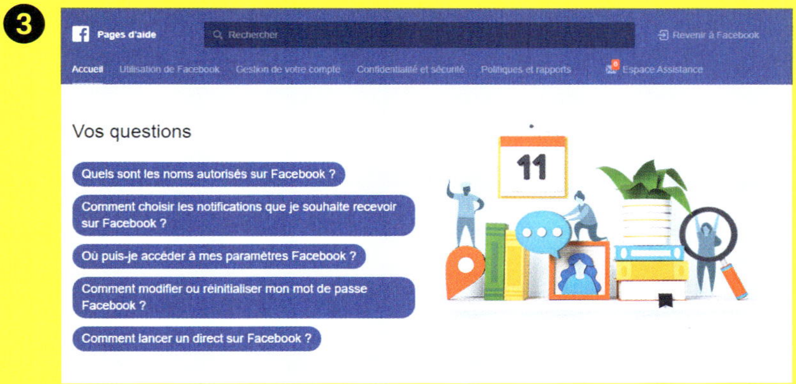
3
Pages d'aide
Rechercher
Revenir à Facebook
Accueil
Utilisation de Facebook
Gestion de votre compte
Confidentialité et sécurité
Politiques et rapports
Espace Assistance
Vos questions
Quels sont les noms autorisés sur Facebook ?
Comment choisir les notifications que je souhaite recevoir sur Facebook ?
Où puis-je accéder à mes paramètres Facebook ?
Comment modifier ou réinitialiser mon mot de passe Facebook ?
Comment lancer un direct sur Facebook ?
11

4
Espace Assistance
Bienvenue, Yasmina !
Dans l'Espace Assistance, vous pouvez :
1. suivre l'évolution de votre signalement ;
2. consulter et répondre aux messages de l'équipe d'assistance ;
3. afficher les messages importants de votre compte.
Vous avez signalé la pub de à Paris de manière anonyme.
FERMÉ
VOICI CE QUE VOUS POUVEZ FAIRE
Supprimer le message
Supprimer ce message de votre boîte de réception ?
PAGES D'AIDE
Questions/réponses sur la recherche
Centre de sécurité
Règles, outils et ressources pour garantir votre sécurité.
Centre de prévention contre le harcèlement
Outils et conseils pour les ados, les parents et les éducateurs.
Safety Check
Communiquez avec vos amis et vos proches pendant une catastrophe

SE DÉCONNECTER DE FACEBOOK

1. Pour fermer votre session Facebook, cliquez sur ▾ .
2. Cliquez sur **Se déconnecter**.

Une fois la déconnexion effectuée, votre fil d'actualité ou profil n'est plus accessible sur cet ordinateur, jusqu'à ce que vous saisissiez à nouveau votre identifiant et votre mot de passe pour vous connecter.

3. Si vous êtes le seul à accéder à votre ordinateur et n'avez aucun souci de confidentialité à craindre, vous pouvez enregistrer votre mot de passe sur votre ordinateur et activer l'option **Mémoriser le mot de passe** avant de cliquer sur **Connexion**, sur la page d'accueil de Facebook.

Pour vous connecter à votre compte Facebook, lisez le chapitre 2.

Il est possible qu'un message indiquant que Facebook sera bientôt de nouveau en ligne ou que votre compte est temporairement inaccessible apparaisse lorsque vous essayez de vous connecter. Cela peut signifier que Facebook est, au même moment, en train d'effectuer une opération de maintenance sur le site et plus particulièrement sur la base de données dans laquelle votre compte est enregistré. Ou que le réseau est en panne ! Votre compte peut rester inaccessible pendant quelques instants, quelques heures au maximum. Ne vous inquiétez pas, votre compte ne sera pas affecté par ces opérations et vous le retrouverez, intact, à l'aide de vos identifiants habituels dès la maintenance terminée.

1 MIN

NIVEAU :

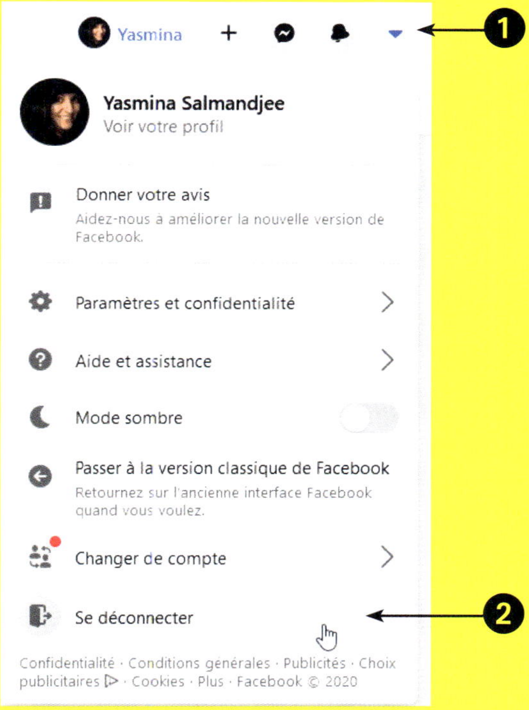

Yasmina
Yasmina Salmandjee
Voir votre profil
Donner votre avis
Aidez-nous à améliorer la nouvelle version de Facebook.
Paramètres et confidentialité
Aide et assistance
Mode sombre
Passer à la version classique de Facebook
Retournez sur l'ancienne interface Facebook quand vous voulez.
Changer de compte
Se déconnecter
Confidentialité · Conditions générales · Publicités · Choix publicitaires · Cookies · Plus · Facebook © 2020
1
2

Yasmina Salmandjee
Mémoriser le mot de passe
Connexion
Mot de passe oublié ?
3

CHAPITRE 2

MANIPULATIONS ESSENTIELLES DANS FACEBOOK

Vous découvrirez dans ce chapitre quelques activités simples et fondamentales à accomplir avec Facebook, comme explorer le fil d'actualité et y participer, partager votre première publication, mais aussi interagir avec vos amis, voire communiquer avec eux en privé.

- Se connecter à Facebook
- Parcourir le fil d'actualité
- Effectuer une publication
- Réagir à une publication
- Commenter une publication
- Écrire dans le journal d'un ami
- Afficher les notifications récentes
- Envoyer un message avec Messenger

SE CONNECTER À FACEBOOK

Si la session précédente est restée ouverte (c'est-à-dire si vous n'avez pas explicitement effectué de déconnexion, comme indiqué au chapitre 1), votre fil d'actualité s'affiche. Sinon, vous devez vous connecter en indiquant vos identifiants.

1. Affichez la page d'accueil de Facebook comme indiqué au début du chapitre 1.
2. Saisissez votre adresse e-mail ou votre numéro de mobile ainsi que votre mot de passe.
3. Cliquez sur **Connexion**.
4. Votre fil d'actualité s'affiche.

Si vous avez opté pour l'enregistrement de vos identifiants par votre navigateur Web lors de votre dernière connexion, ceux-ci sont préremplis afin que vous n'ayez pas à les saisir à chaque nouvelle connexion.

5. Remarquez aussi qu'un accès rapide à votre profil est affiché sur la page d'accueil de Facebook : il suffit de cliquer sur votre photo pour vous connecter. Les autres personnes ayant utilisé Facebook depuis ce navigateur Web disposent aussi d'un accès rapide ici.

1 MIN

NIVEAU :

1
Facebook - Connexion
https://www.facebook.com/
facebook
Adresse e-mail ou mobile
Mot de passe
Connexion
Informations de compte oubliées ?

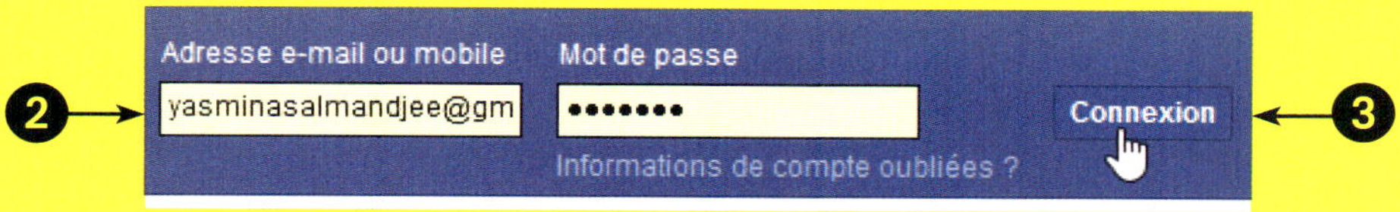
2
Adresse e-mail ou mobile
yasminasalmandjee@gm
Mot de passe
Connexion
Informations de compte oubliées ?
3

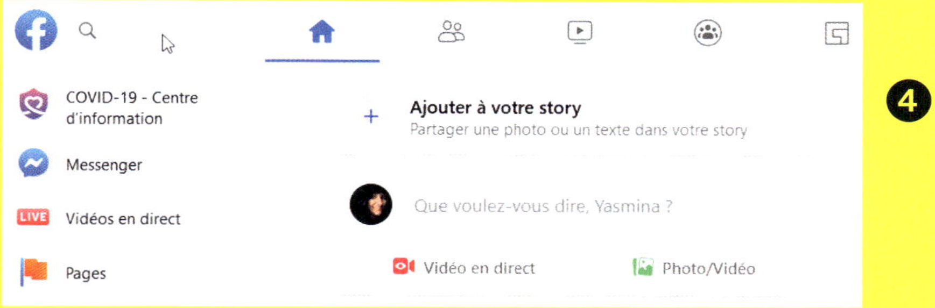
COVID-19 - Centre d'information
Messenger
LIVE
Vidéos en direct
Pages
Ajouter à votre story
Partager une photo ou un texte dans votre story
Que voulez-vous dire, Yasmina ?
Vidéo en direct
Photo/Vidéo
4

facebook
Connexions récentes
Cliquez sur votre image ou sur Ajouter un compte.
5
Yasmina
Frédéric
Ajouter un compte

PARCOURIR LE FIL D'ACTUALITÉ

Le fil d'actualité affiche l'ensemble des publications partagées par votre réseau Facebook. C'est sans aucun doute le contenu que vous consulterez le plus souvent. Il évolue en permanence, puisque les utilisateurs de Facebook publient des mises à jour à tout moment.

1. Le fil d'actualité s'affiche par défaut lorsque vous vous connectez à Facebook.
2. En haut du fil d'actualité apparaissent les stories de vos amis. Si cette zone est vide, c'est qu'aucun de vos amis n'a partagé de story récemment.

Une *story* est un contenu ou une série de contenus – textes, images, vidéos… – partagé par un ami Facebook et visible uniquement durant vingt-quatre heures. Elle s'affiche uniquement dans sa zone et non dans le fil d'actualité.

3. Cliquez sur pour voir toutes les stories. Cliquez sur le nom d'un ami pour voir sa story.
4. Utilisez les boutons pour naviguer de story en story.
5. Au-dessous des stories s'affiche la zone de publication permettant de publier du contenu.

Consultez la section qui suit pour plus d'informations à ce sujet.

5 MIN NIVEAU :

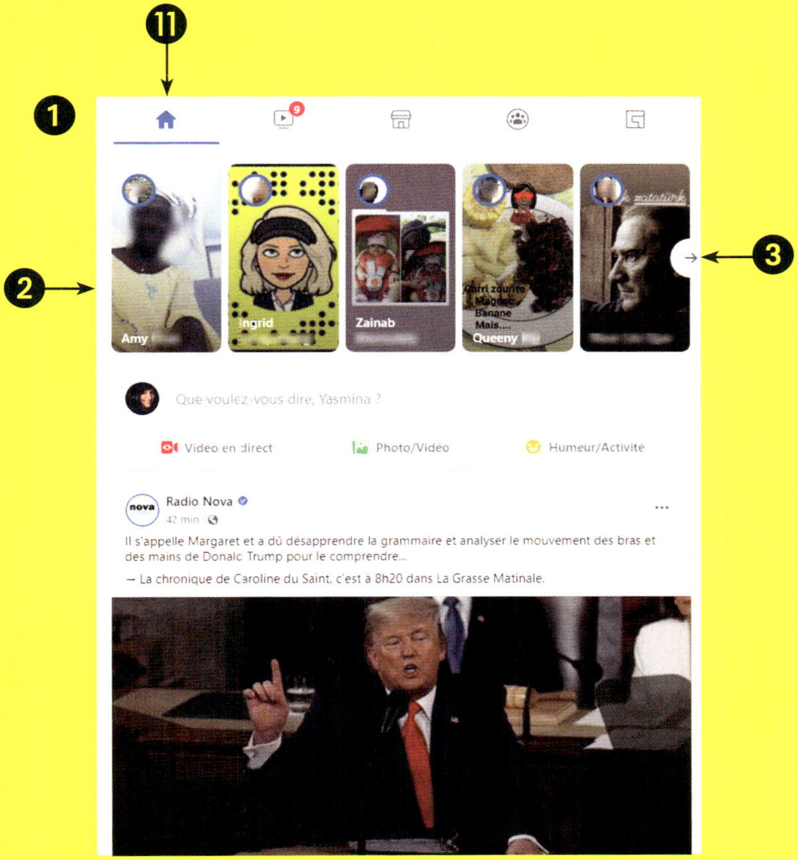

11
1
2
3
Amy
Ingrid
Zainab
Queeny
Que voulez-vous dire, Yasmina ?
Vidéo en direct
Photo/Vidéo
Humeur/Activité
Radio Nova
42 min
Il s'appelle Margaret et a dû désapprendre la grammaire et analyser le mouvement des bras et des mains de Donald Trump pour le comprendre...
→ La chronique de Caroline du Saint, c'est à 8h20 dans La Grasse Matinale.

3
4
Ingrid

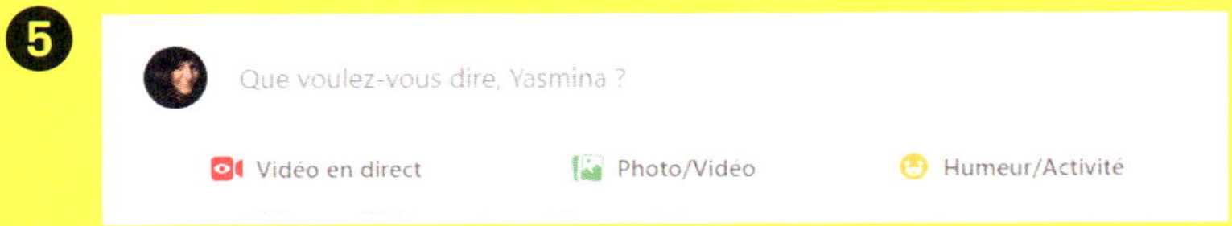

5
Que voulez-vous dire, Yasmina ?
Vidéo en direct
Photo/Vidéo
Humeur/Activité

PARCOURIR LE FIL D'ACTUALITÉ (SUITE)

❻ Les publications de vos amis ou des pages que vous suivez apparaissent ensuite. Faites défiler vers le bas pour les consulter.

❼ Vous pouvez y voir des publications personnelles de vos amis – textes, photos, vidéos, liens, par exemple.

❽ Les changements de photo de profil ou de couverture (voir chapitre 3) de vos amis sont également signalés.

❾ Votre fil d'actualité peut aussi afficher les publications de pages Facebook.

❿ Des publications « sponsorisées », c'est-à-dire des publicités, peuvent également s'afficher dans le fil d'actualité.

⓫ À tout moment, cliquez sur 🏠 ou sur ⓕ pour revenir en haut du fil d'actualité et l'actualiser.

⏱ 5 MIN

NIVEAU :

6

8

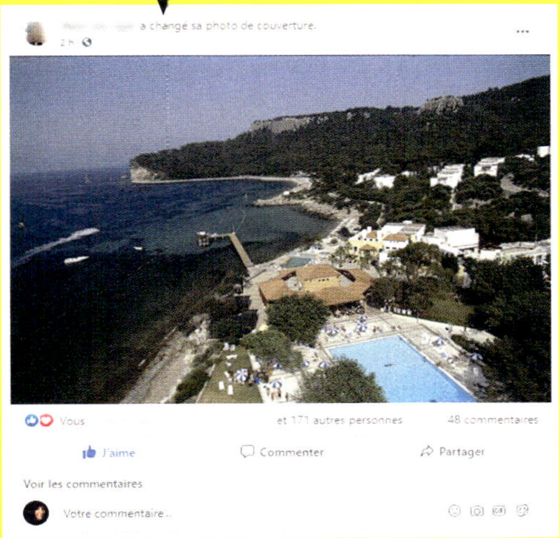

7

10

9

EFFECTUER UNE PUBLICATION

Vous pouvez écrire dans votre propre journal en mettant à jour votre **statut Facebook**. Ce statut, d'un simple mot à quelques lignes, peut être accompagné d'une photo, d'un lien, d'un lieu, *etc.*

1. Pour publier un nouveau statut, cliquez dans la zone **Que voulez-vous dire ?** en haut du fil d'actualité.
2. La fenêtre de publication apparaît. Saisissez quelques mots dans la zone **Que voulez-vous dire ?**.

C'est le type de publication le plus simple. Vous pouvez ajouter des photos et vidéos, des liens, identifier des amis ou indiquer un lieu pour une publication enrichie. Consultez pour cela le chapitre 4.

3. Validez en cliquant sur **Publier**.
4. La publication apparaît désormais dans votre journal, dans votre fil d'actualité et celui de vos amis.

Par défaut, la publication est visible par vos amis, comme l'indique le menu situé au-dessous de votre nom dans la fenêtre de publication. Pour modifier ce paramètre appelé « niveau de confidentialité », consultez le chapitre 5.

2 MIN

NIVEAU :

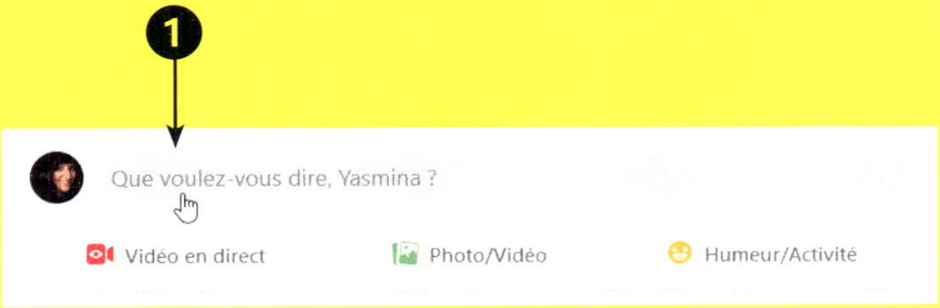
1
Que voulez-vous dire, Yasmina ?
Vidéo en direct
Photo/Vidéo
Humeur/Activité

Créer une publication
Yasmina Salmandjee
Amis
2
Me voici sur Facebook !
Aa
Ajouter à votre publication
3
Publier

4
Yasmina Salmandjee
À l'instant
Me voici sur Facebook !
J'aime
Commenter
Partager
Votre commentaire...
Touchez Entrée pour publier votre commentaire.

RÉAGIR À UNE PUBLICATION

L'intérêt de Facebook résidant dans l'interactivité entre ses membres, tout est fait pour que vous puissiez participer et réagir à ce qui se passe sur le réseau. Lorsqu'un élément apparaît dans votre fil d'actualité, vous pouvez indiquer que vous l'*aimez* ou y *réagir*.

1. Sous chaque publication du fil d'actualité s'affichent les commentaires, réactions et partages déjà effectués, avec leur nombre.
2. Pour indiquer que vous appréciez une publication, cliquez sur **J'aime**.
3. Pour réagir à la publication, survolez le lien **J'aime** avant de cliquer et choisissez l'une des réactions proposées sous forme d'emoji.

Les différentes réactions proposées sont **J'aime**, **J'adore**, **Haha**, **Wouah**, **Triste** et **Grr**, et sont soumises à votre libre interprétation. Facebook introduit aussi parfois de nouvelles réactions pendant une durée limitée. C'est le cas, par exemple à l'heure où ces lignes sont écrites, de **Solidaire**.

4. Vous apparaissez désormais dans la liste des personnes aimant la publication ou y ayant réagi.

1 MIN

NIVEAU :

1

2

3

COMMENTER UNE PUBLICATION

Vous pouvez réagir à une publication en la commentant, c'est-à-dire en saisissant quelques mots dessous afin de donner votre opinion ou y répondre.

1. Cliquez dans la zone **Votre commentaire**.
2. Tapez votre commentaire dans la zone de saisie.
3. Pour publier le commentaire, appuyez sur **Entrée**.
4. Si des commentaires ont déjà été publiés, les derniers en date s'affichent sous la publication.
5. Vous pouvez réagir à un commentaire en cliquant sur **J'aime** ou y répondre par un autre commentaire.

Attention : un commentaire est immédiatement diffusé et visible dans votre fil d'actualité, mais aussi dans le journal de la personne concernée. La personne à l'origine de la publication peut toutefois le supprimer si elle le souhaite.

2 MIN

NIVEAU :

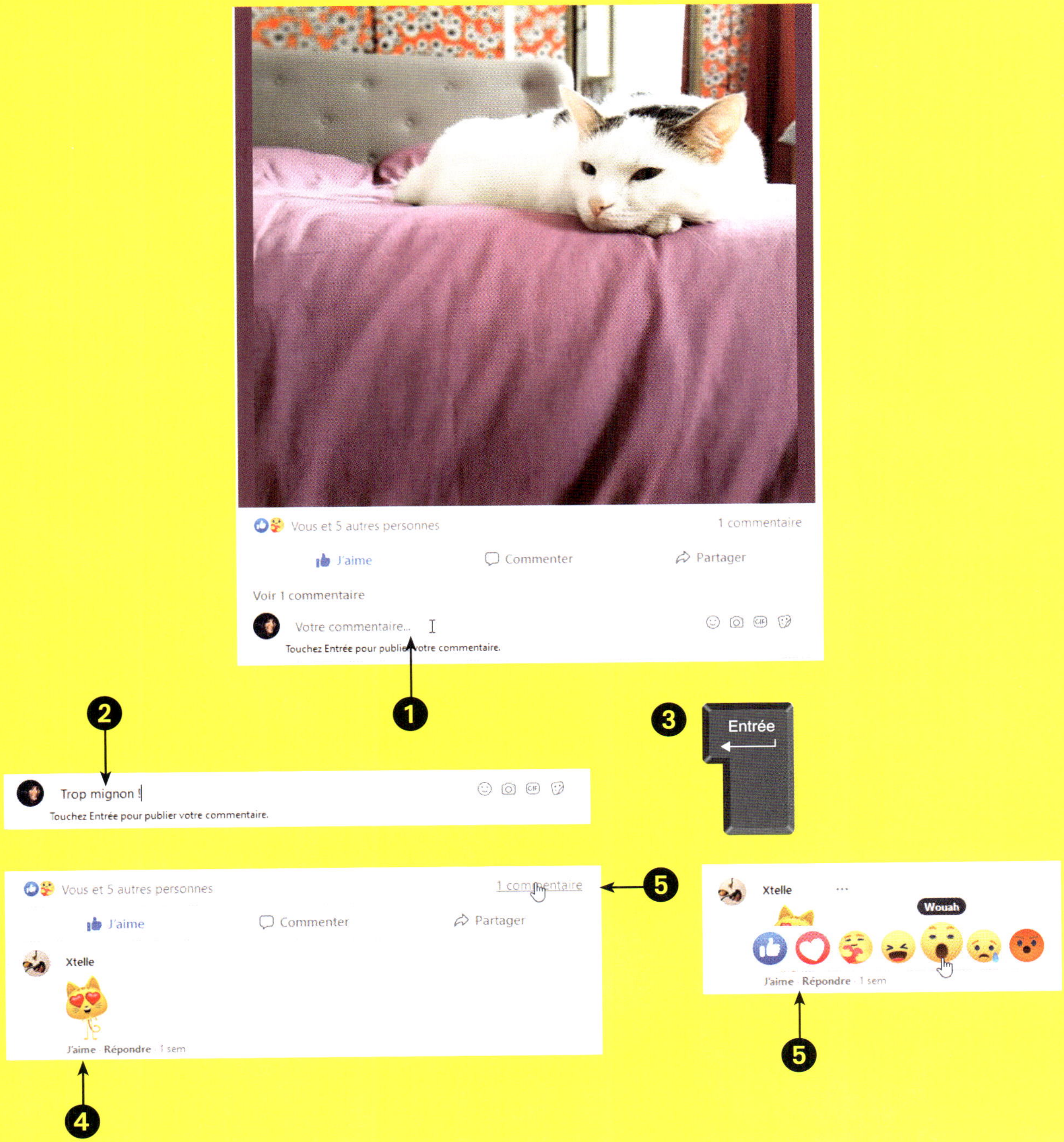

Vous et 5 autres personnes
1 commentaire
J'aime
Commenter
Partager
Voir 1 commentaire
Votre commentaire...
Touchez Entrée pour publier votre commentaire.
1
2
Trop mignon !
Touchez Entrée pour publier votre commentaire.
3
Entrée
Vous et 5 autres personnes
1 commentaire
J'aime
Commenter
Partager
Xtelle
J'aime · Répondre · 1 sem
4
5
Xtelle
Wouah
J'aime · Répondre · 1 sem
5

ÉCRIRE DANS LE JOURNAL D'UN AMI

Écrire dans le journal d'un ami vous permet d'adresser un message personnel à ce dernier, mais visible de vos amis comme des siens.

1. Pour écrire dans le journal d'un ami, affichez son profil. Saisissez les premières lettres de son nom dans la zone de recherche en haut de l'écran ou cliquez sur son nom dans votre fil d'actualité.
2. Le journal de votre ami s'affiche.
3. Cliquez dans la zone **Écrivez quelque chose à**.

Si la zone **Écrivez quelque chose à** n'apparaît pas dans le profil ou le journal d'un ami, c'est tout simplement que celui-ci a désactivé cette fonctionnalité. Consultez le chapitre 8 pour plus d'informations à ce sujet.

4. Saisissez votre message.
5. Cliquez sur **Publier** pour publier le message.
6. Votre publication est désormais visible dans le journal de votre ami.

Vous pouvez également publier un lien ou une photo. Lisez pour cela le chapitre 4.

Si l'icône ⚙ apparaît à gauche du bouton **Publier**, votre ami contrôle la visibilité de ce qui est publié dans son journal, et que cette publication ne sera donc pas visible immédiatement.

3 MIN

NIVEAU :

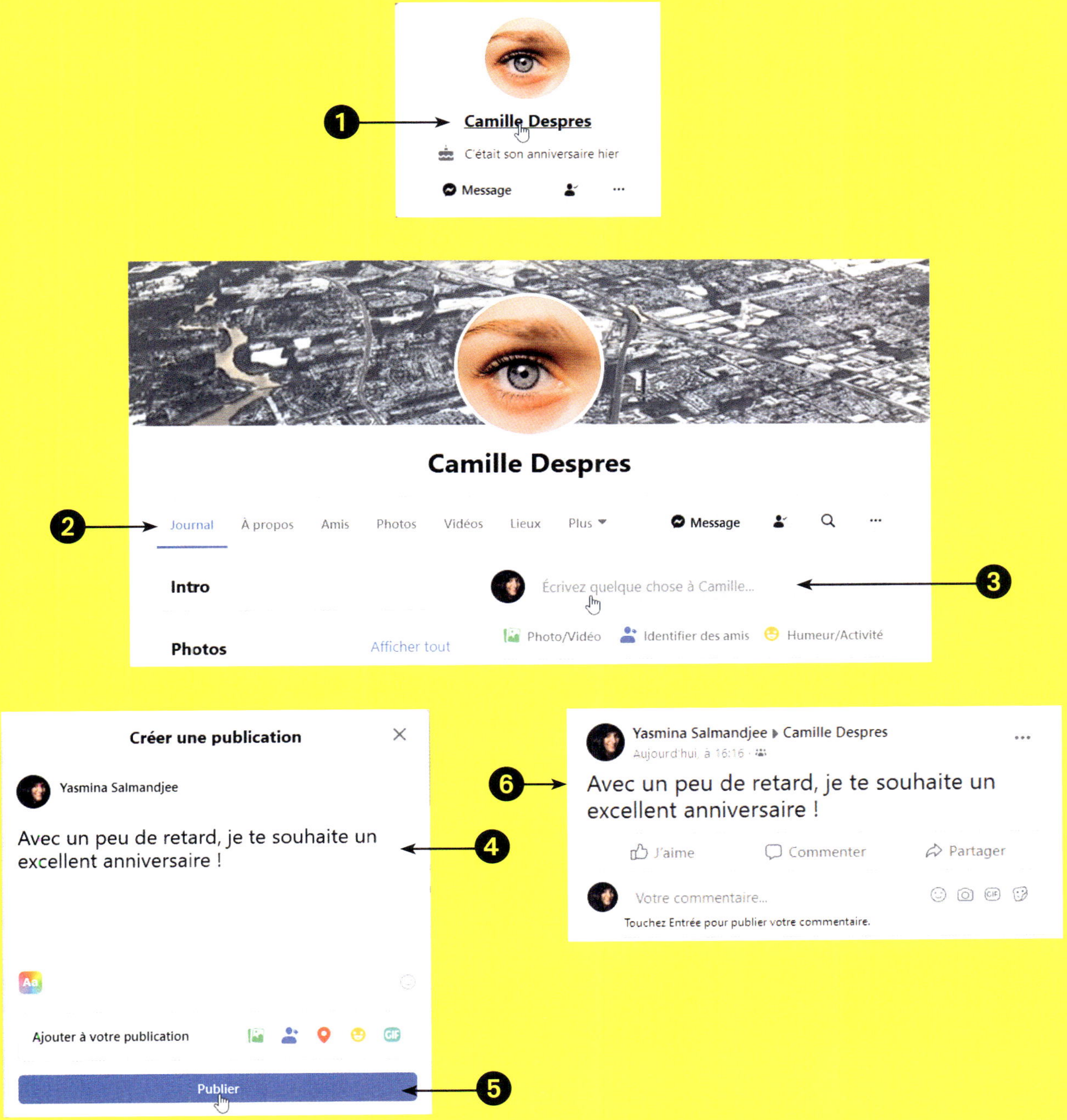

1
Camille Despres
C'était son anniversaire hier
Message
Camille Despres
2
Journal
À propos
Amis
Photos
Vidéos
Lieux
Plus
Message
Intro
Écrivez quelque chose à Camille...
3
Photos
Afficher tout
Photo/Vidéo
Identifier des amis
Humeur/Activité
Créer une publication
Yasmina Salmandjee
Avec un peu de retard, je te souhaite un excellent anniversaire !
4
Ajouter à votre publication
Publier
5
Yasmina Salmandjee ▸ Camille Despres
Aujourd'hui, à 16:16
6
Avec un peu de retard, je te souhaite un excellent anniversaire !
J'aime
Commenter
Partager
Votre commentaire...
Touchez Entrée pour publier votre commentaire.

AFFICHER LES NOTIFICATIONS RÉCENTES

Le concept de *notification* est primordial dans Facebook. C'est une forme d'alerte qui vous indique toutes les nouveautés importantes vous concernant.

1. Lorsque vous recevez une nouvelle notification, celle-ci apparaît brièvement dans une fenêtre. Cliquez dessus pour afficher les détails.

2. Toutes les notifications en attente de consultation s'affichent dans une zone spéciale en haut de la fenêtre de Facebook. Cette zone est visible à tout moment. Le nombre de notifications non consultées s'affiche dans une pastille rouge. Les notifications sont de deux types : messages reçus et interactions avec des membres de Facebook (réactions aux publications, commentaires, invitations, *etc.*).

3. Cliquez sur pour voir les messages reçus. Il suffit de cliquer sur une notification pour en voir les détails.

4. Cliquez sur pour voir les autres notifications. Cliquez sur une notification pour afficher la publication concernée.

1 MIN

NIVEAU :

1

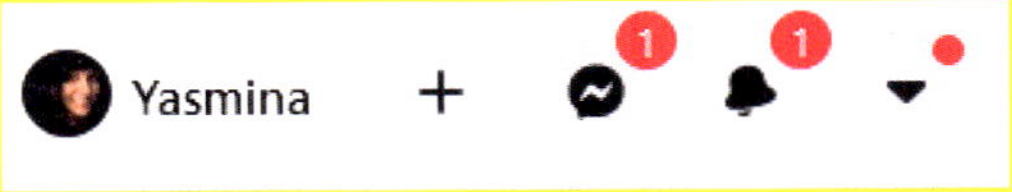

2

3

4
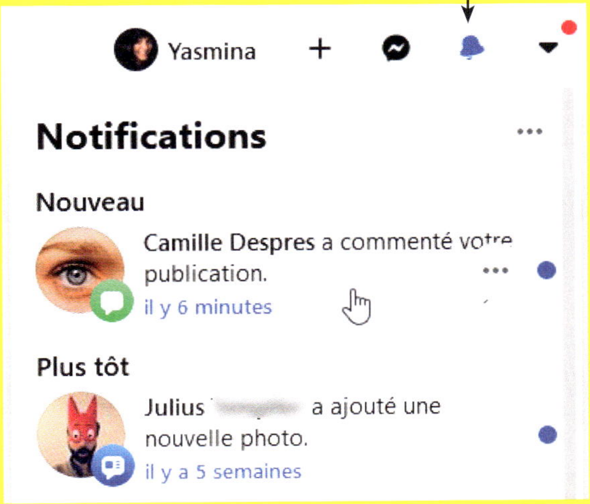

ENVOYER UN MESSAGE AVEC MESSENGER

La messagerie instantanée de Facebook, appelée Facebook Messenger, permet de dialoguer avec vos amis Facebook.

1. Cliquez sur l'icône **Messenger**.
2. Vous pouvez cliquer directement sur une discussion récente pour la poursuivre. Sinon, cliquez sur .
3. Dans la zone **À**, indiquez les destinataires (Facebook vous proposera tous les noms correspondant aux premières lettres saisies).

Si vous avez déjà échangé avec cet ami par le biais de Facebook Messenger, les anciens messages sont visibles dans la fenêtre de dialogue.

4. Saisissez votre message dans la zone d'édition en bas de la fenêtre.
5. Appuyez sur **Entrée** ou cliquez sur pour envoyer le message.

Vous pouvez joindre un fichier (image, vidéo ou tout autre document se trouvant sur votre ordinateur), envoyer un sticker ou un GIF (image animée) à l'aide des boutons situés en bas de la fenêtre de dialogue.

1 MIN NIVEAU :

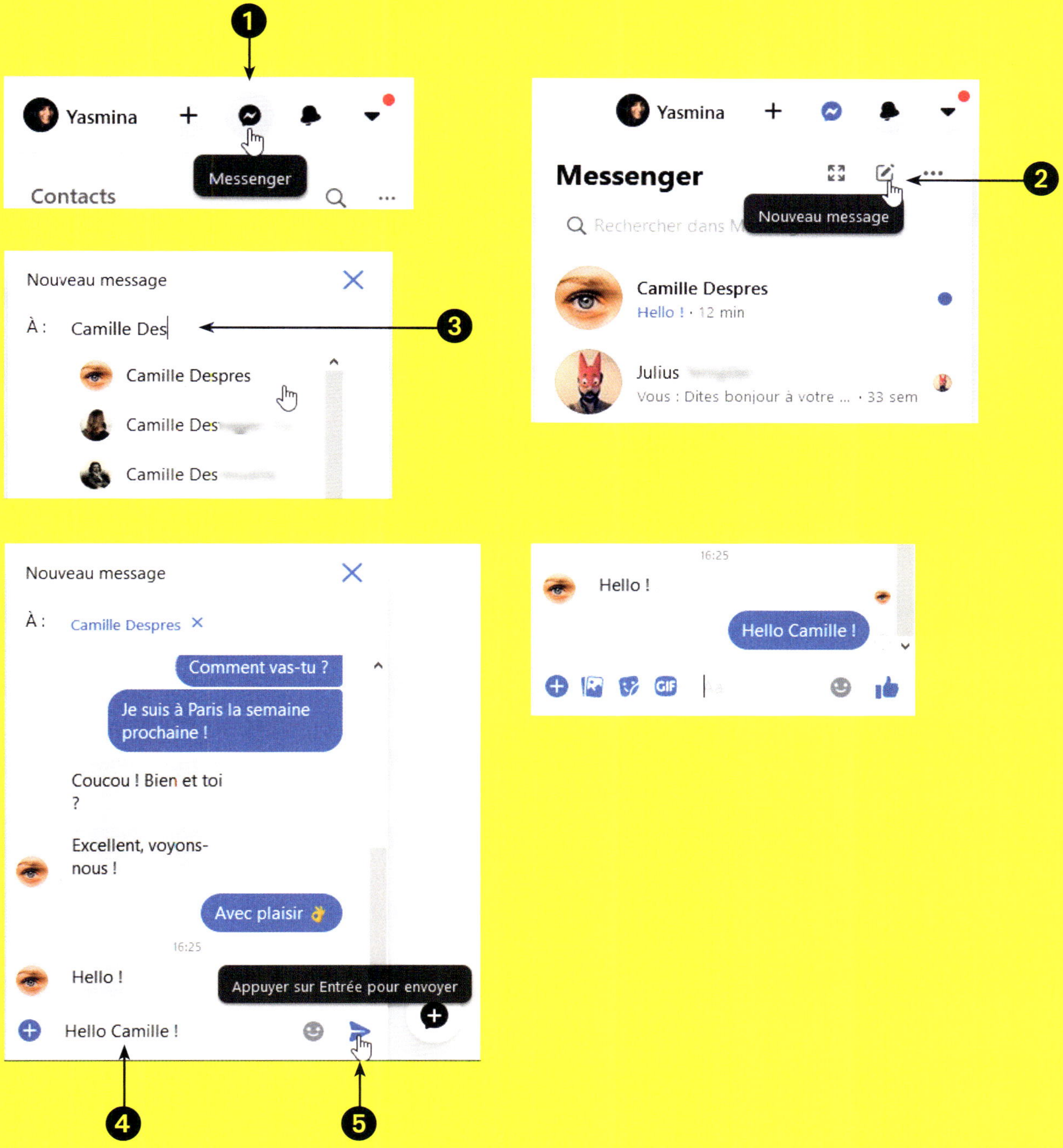
1
Yasmina
Messenger
Contacts
2
Yasmina
Messenger
Nouveau message
Rechercher dans M
Camille Despres
Hello ! · 12 min
Julius
Vous : Dites bonjour à votre ... · 33 sem
Nouveau message
À :
Camille Des
3
Camille Despres
Camille Des
Camille Des
Nouveau message
À :
Camille Despres
Comment vas-tu ?
Je suis à Paris la semaine prochaine !
Coucou ! Bien et toi ?
Excellent, voyons-nous !
Avec plaisir
16:25
Hello !
Appuyer sur Entrée pour envoyer
Hello Camille !
4
5
16:25
Hello !
Hello Camille !
GIF

CHAPITRE 3

PERSONNALISER SON PROFIL

Votre profil est un élément important de votre présence sur Facebook. Outre l'incontournable « photo de profil », il contient des informations sur vous, votre vie, votre parcours scolaire ou professionnel, les membres de votre famille, et même vos opinions politiques ou religieuses… Mais c'est à vous, et vous seul, de choisir ce que vous partagez !

- Modifier sa photo de profil
- Ajouter une photo de couverture
- Personnaliser son intro
- Indiquer ses coordonnées et informations
- Personnaliser sa bio
- Choisir les photos à la une

MODIFIER SA PHOTO DE PROFIL

Votre photo de profil vous identifie un peu partout sur Facebook. Elle apparaît sur votre profil, bien entendu, mais aussi dans les résultats de recherche vous concernant et en miniature lorsque vous commentez une publication, par exemple. Elle est publique et donc visible de tous.

1. Cliquez sur votre prénom dans la barre d'outils Facebook pour afficher votre profil.
2. Cliquez sur le bouton .
3. Pour choisir une photo qui se trouve dans votre ordinateur, cliquez sur **Importer une photo**. Vous pouvez utiliser l'une des photos déjà téléchargées par vos soins sur Facebook : elles s'affichent au-dessous des boutons, à condition que vous en ayez ajouté, bien sûr. Cliquez simplement sur l'une d'elles pour la choisir.
4. Localisez une photo parmi vos images et cliquez sur **Ouvrir**.

Un décor est un ornement graphique ajouté par-dessus votre photo, pour l'embellir ou transmettre un message, par exemple. Pour en ajouter un à votre photo de profil actuelle, cliquez sur **Ajouter un décor**. Vous pouvez effectuer une recherche par mot-clé et voir les suggestions de décors populaires du moment.

2 MIN

NIVEAU :

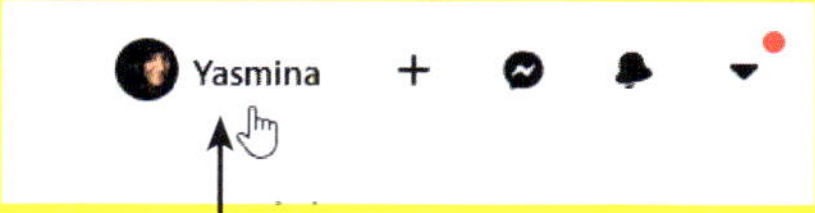

1

2

3

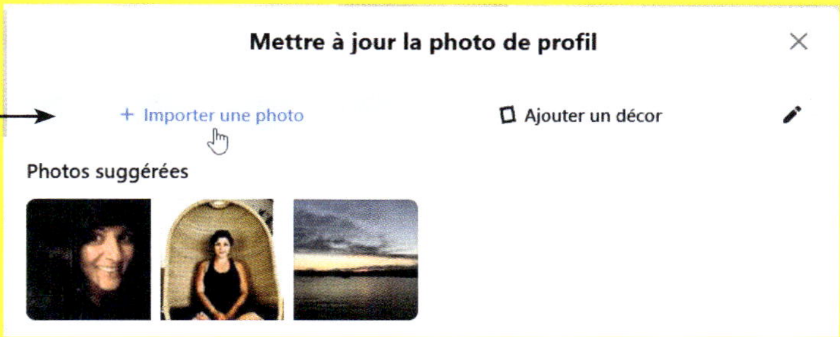

4

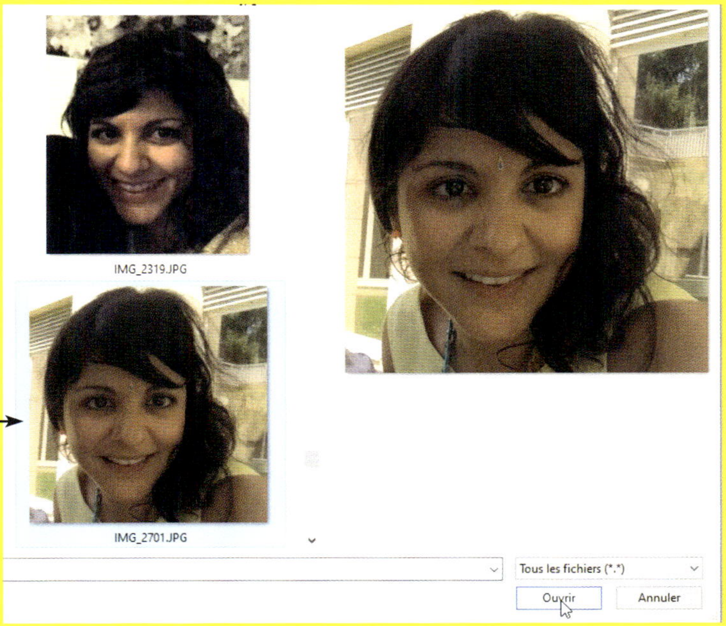

MODIFIER SA PHOTO DE PROFIL (SUITE)

5. Cliquez et faites glisser pour repositionner le cadre autour de votre portrait et éventuellement rogner la photo. Faites glisser le curseur au-dessous de la photo pour ajuster le zoom.
6. Ajoutez éventuellement quelques mots pour décrire votre photo.
7. Cliquez sur **Enregistrer**.
8. Votre photo de profil est mise à jour.

Vous pouvez définir une photo de profil comme temporaire : si vous choisissez l'option **Rendre provisoire**, la photo sera modifiée pour la durée choisie, puis la photo de profil antérieure sera restaurée.

2 MIN **NIVEAU :**

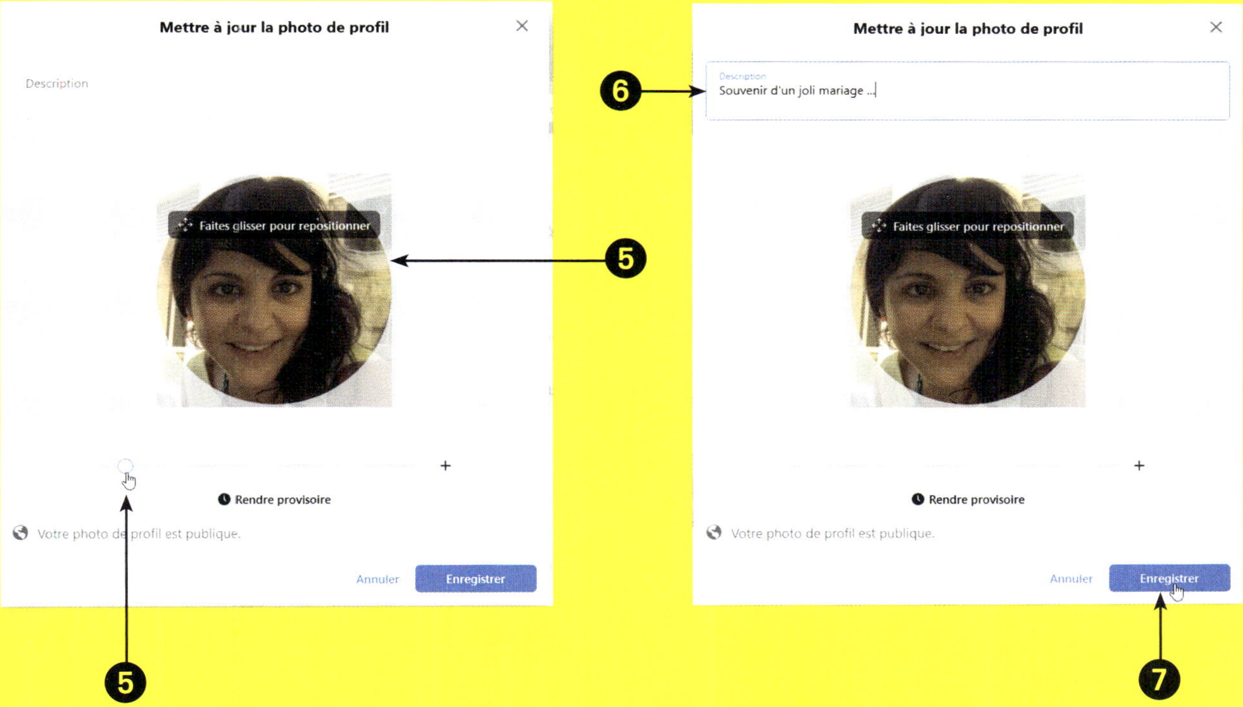
Mettre à jour la photo de profil
Description
Faites glisser pour repositionner
Rendre provisoire
Votre photo de profil est publique.
Annuler
Enregistrer
5
5
Mettre à jour la photo de profil
6
Description
Souvenir d'un joli mariage ...
Faites glisser pour repositionner
Rendre provisoire
Votre photo de profil est publique.
Annuler
Enregistrer
7

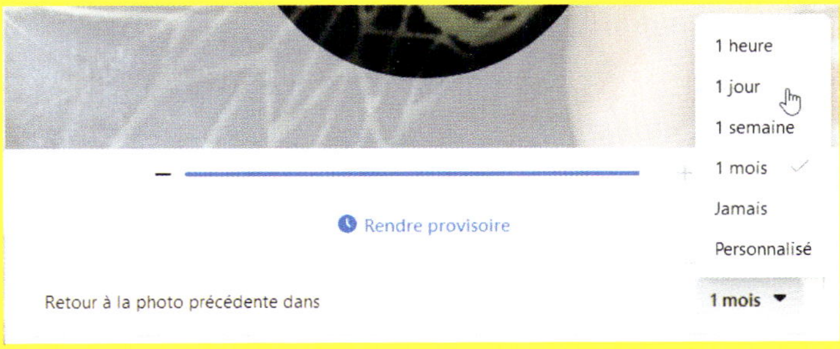
1 heure
1 jour
1 semaine
1 mois
Jamais
Personnalisé
Rendre provisoire
Retour à la photo précédente dans
1 mois

AJOUTER UNE PHOTO DE COUVERTURE

La couverture est la grande image qui occupe toute la largeur de la fenêtre en haut de votre profil Facebook. Elle complète votre photo de profil. Elle est publique, donc visible de tous sur Facebook.

1. Cliquez sur votre prénom dans la barre d'outils Facebook pour afficher votre profil.
2. Cliquez sur le bouton **Changer la photo de couverture**.
3. Pour utiliser une photo dans vos albums Facebook (si vous avez déjà téléchargé des photos), cliquez sur **Sélectionner une photo**. Pour choisir une photo qui se trouve dans votre ordinateur, cliquez sur **Importer une photo**. Vous pouvez aussi repositionner la photo existante.

2 MIN

NIVEAU :

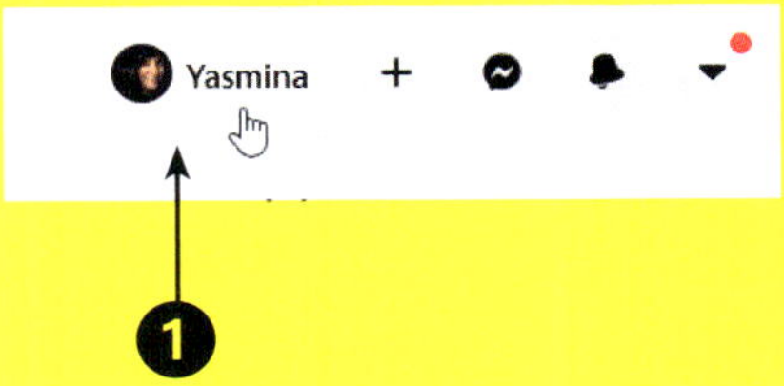
Yasmina
1

Changer la photo de couverture
Yasmina Salmandjee
2

Changer la photo de couverture
3
Sélectionner une photo
3
Importer une photo
Repositionner
Supprimer

AJOUTER UNE PHOTO DE COUVERTURE (SUITE)

4. Localisez une photo parmi vos images et cliquez sur **Ouvrir**.
5. Une fois la photo téléchargée, vous pouvez choisir la partie d'image utilisée comme couverture : cliquez et faites glisser pour positionner l'image dans le cadre.
6. Cliquez sur le bouton **Enregistrer les modifications**.
7. Votre couverture est enregistrée.

Vous pouvez supprimer la couverture de votre journal : cliquez sur le bouton **Changer la photo de couverture** et choisissez **Supprimer**. Si vous confirmez l'opération, une image grise remplacera votre couverture.

2 MIN

NIVEAU :

IMG_5245.JPG
IMG_5246.JPG
IMG_5247.JPG
Tous les fichiers (*.*)
Ouvrir
Annuler
4

5

Votre photo de couverture est publique.
Annuler
Enregistrer les modifications
6

PERSONNALISER SON INTRO

Votre intro est un ensemble d'informations personnelles qui s'affichent selon vos choix sur votre profil Facebook.

1. Cliquez sur votre prénom dans la barre d'outils Facebook pour afficher votre profil.
2. Cliquez sur le bouton **Modifier les infos** de la section **Intro**.
3. Les différentes catégories de la section Intro apparaissent : Emploi, Scolarité, Ville actuelle, Ville d'origine, Situation amoureuse et Site Web. Ces renseignements permettent non seulement aux autres membres de Facebook d'en savoir plus sur vous et votre parcours, mais aussi à vos amis de vous retrouver plus facilement (parce que vous avez fréquenté la même entreprise, école, ou vivez dans la même ville, *etc.*).
4. Cliquez sur le bouton + pour ajouter une information. Aucune n'est obligatoire.

10 MIN

NIVEAU :

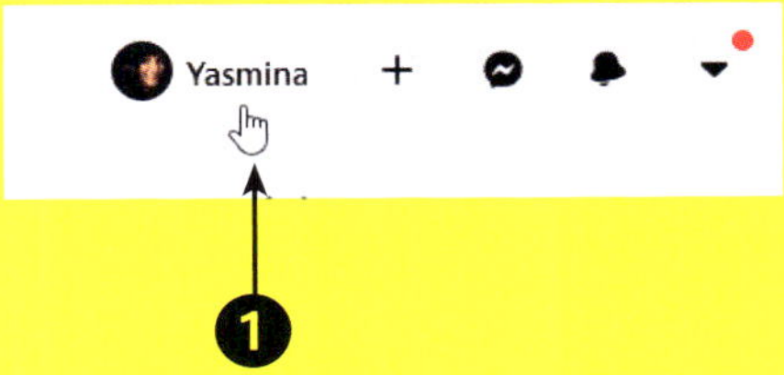

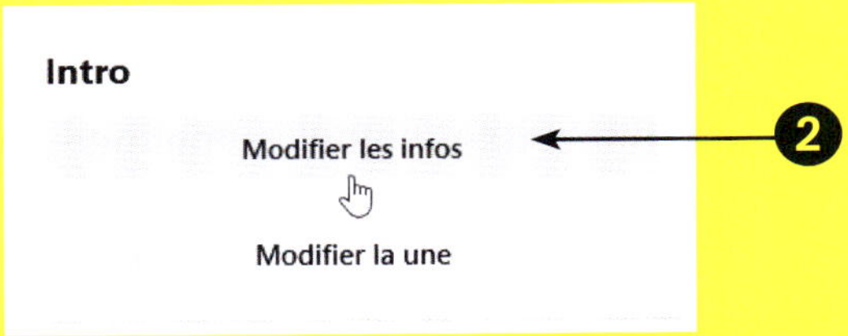

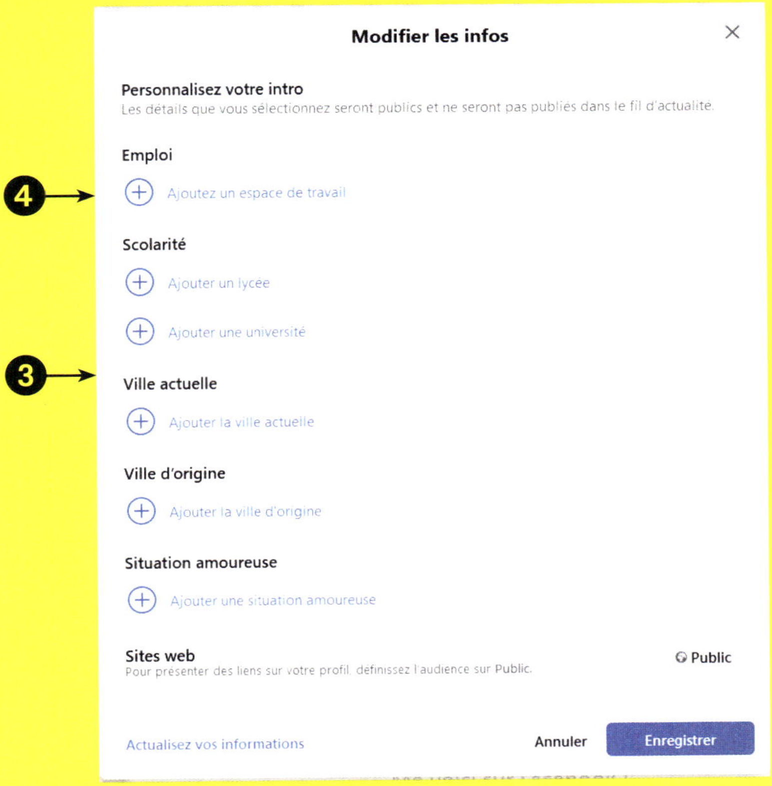

PERSONNALISER SON INTRO (SUITE)

❺ Selon la catégorie, vous pouvez indiquer une entreprise, un établissement scolaire, une ville ou une personne, ainsi que des informations complémentaires : dates de fréquentation, par exemple.

❻ Pour indiquer une situation amoureuse impliquant un partenaire, ou une relation familiale, la personne concernée doit non seulement faire partie de vos amis Facebook, mais aussi accepter cette identification dans une relation. Elle recevra pour cela une notification.

❼ Les informations que vous avez indiquées apparaissent désormais dans la section Intro de votre profil Facebook.

10 MIN

NIVEAU :

5

6

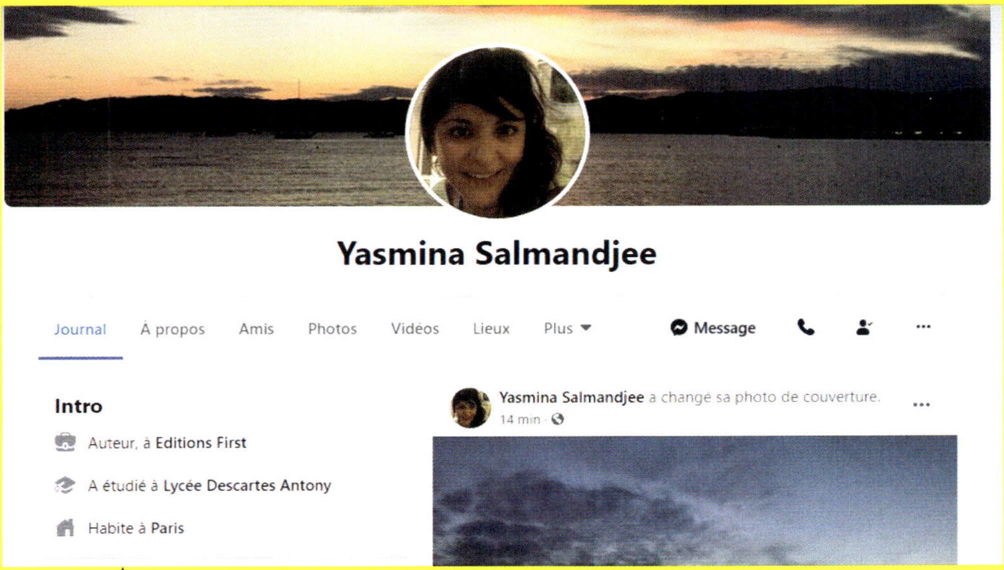

7

INDIQUER SES COORDONNÉES ET INFORMATIONS

La section À propos regroupe l'ensemble des informations vous concernant. Vous pouvez y indiquer, entre autres, vos coordonnées, votre date de naissance, votre sexe et les langues que vous parlez.

1. Affichez votre profil, puis cliquez sur **Informations générales et coordonnées** dans la section **À propos**.
2. Cliquez sur **Ajouter un téléphone mobile** pour indiquer votre numéro. Vous seul verrez ce numéro, mais Facebook pourra vous faire parvenir des informations par texto. Vous devez confirmer votre numéro grâce à un code de confirmation que vous recevrez par texto ou par un appel.
3. Cliquez sur **Ajouter votre adresse** pour indiquer votre adresse postale.

Vous pouvez décider précisément qui a accès à chaque information. Attention : il n'est pas recommandé d'indiquer toutes vos coordonnées personnelles (en particulier votre adresse) si vous envisagez d'accueillir de nombreuses personnes dans votre réseau, de simples connaissances par exemple.

10 MIN

NIVEAU :

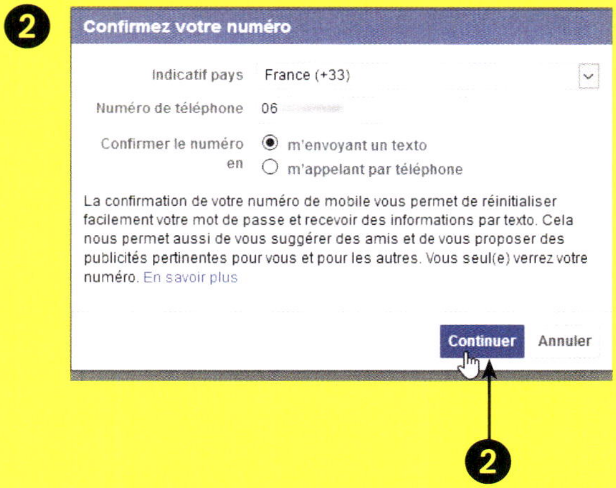

INDIQUER SES COORDONNÉES ET INFORMATIONS (SUITE)

4. Vous pouvez indiquer votre date de naissance. Afficher votre jour et votre mois de naissance sur votre profil ou rendre l'information publique peut être utile : vos amis s'en rappelleront ainsi plus facilement (ils verront d'ailleurs une notification spéciale vous concernant le jour de votre anniversaire). Si vous ne souhaitez pas pour autant que tout le monde connaisse votre âge, vous pouvez choisir de masquer l'année en cliquant sur le bouton ✎ puis en choisissant **Moi uniquement**.

5. Vous constaterez enfin que Facebook va très loin dans la possibilité de vous laisser exprimer librement vos préférences : vous pouvez même indiquer vos inclinations religieuses et vos opinions politiques.

6. Ces informations sont par défaut visibles par vos amis. Pour modifier ce paramètre, cliquez sur le bouton **Amis** et choisissez une autre option dans la fenêtre **Paramètres de confidentialité**.

10 MIN

NIVEAU :

PERSONNALISER SA BIO

La bio est le petit texte qui apparaît sous votre photo de profil. Comme les photos de profil et de couverture, cet élément est public et donc visible de tous sur Facebook.

1. Cliquez sur votre prénom dans la barre d'outils Facebook pour afficher votre profil.
2. Cliquez sur **Ajouter une bio**.
3. Écrivez quelques mots : la bio est limitée à 101 caractères. Vous êtes totalement libre de décider de son contenu.
4. Cliquez sur **Enregistrer**.
5. La modification de votre bio peut faire l'objet d'une publication dans votre journal si vous le souhaitez. Cliquez sur **Partager maintenant**. Sinon, cliquez sur **Ignorer**.
6. Votre bio apparaît sous votre photo. Vous pouvez la modifier à tout moment en cliquant sur **Modifier**.

2 MIN

NIVEAU :

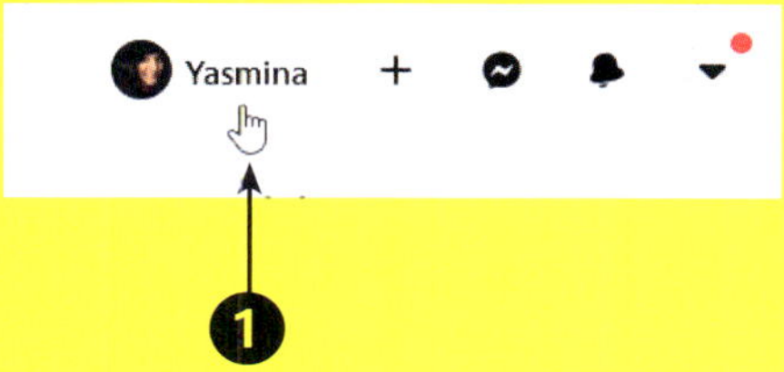
Yasmina
1

Yasmina Salmandjee
Ajouter une bio
2

Yasmina Salmandjee
Hâte-toi de bien vivre et songe que chaque jour est à lui seul une vie. Et n'oublie pas de respirer !
0 caractères restants
Public
Annuler
Enregistrer
3
4

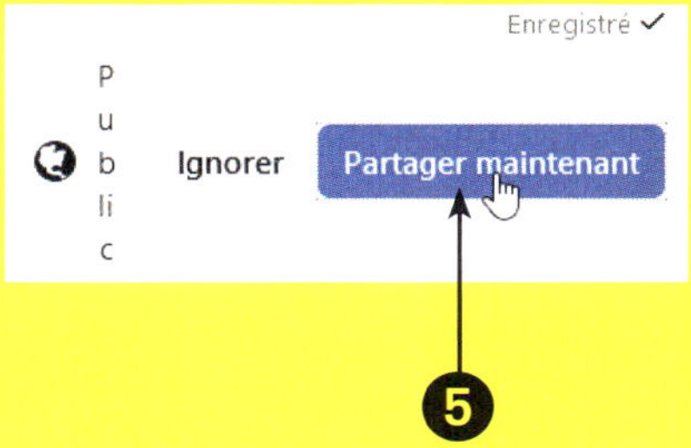
Enregistré
Public
Ignorer
Partager maintenant
5

Yasmina Salmandjee
Hâte-toi de bien vivre et songe que chaque jour est à lui seul une vie. Et n'oublie pas de respirer !
Modifier
6

CHOISIR LES PHOTOS À LA UNE

Vos photos « à la une » sont une sélection parmi vos photos préférées, qui non seulement restent visibles en tête de votre profil, mais de plus sont des éléments publics visibles de tous.

1. Cliquez sur votre prénom dans la barre d'outils Facebook pour afficher votre profil.
2. Cliquez sur le bouton **Modifier la une** de la section **Intro**.
3. Cliquez sur les photos de votre choix. Vous pouvez ajouter jusqu'à neuf photos à la une.
4. Cliquez sur le bouton **Enregistrer**.
5. Vos photos à la une apparaissent au-dessous de votre intro sur votre profil Facebook.

1 MIN

NIVEAU :

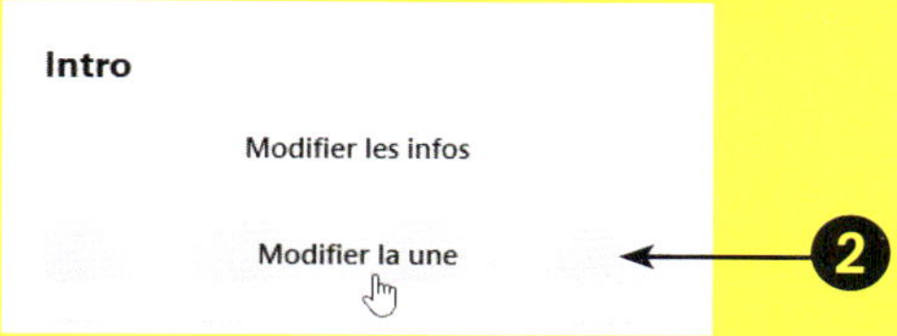
Intro
Modifier les infos
Modifier la une
2

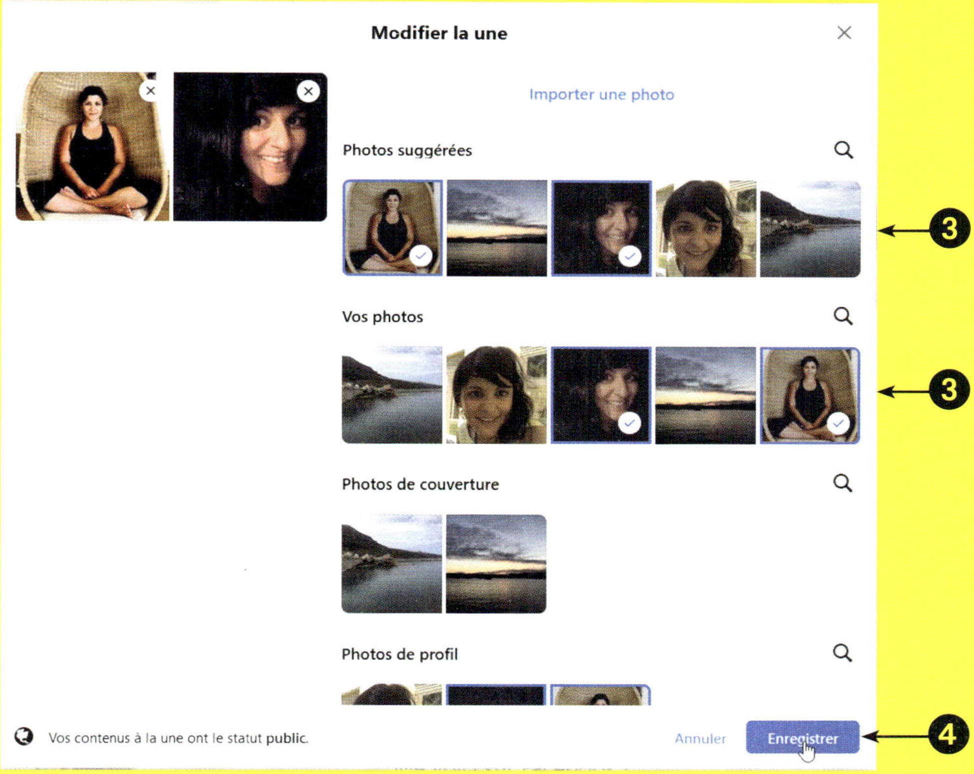
Modifier la une
Importer une photo
Photos suggérées
3
Vos photos
3
Photos de couverture
Photos de profil
Vos contenus à la une ont le statut public.
Annuler
Enregistrer
4

Intro
Auteur, à Editions First
A étudié à Lycée Descartes Antony
Habite à Paris
5

CHAPITRE 4

PUBLIER DU CONTENU

Il est temps à présent de vous lancer et de vous exprimer ! Vous pouvez partager du texte, des photos, des vidéos, indiquer votre humeur, une activité ou votre emplacement dans une publication, c'est-à-dire dans votre journal, ou encore utiliser votre story, qui ne restera visible que quelques heures. À vous de décider !

- Publier un statut Facebook en couleurs
- Ajouter un émoji à une publication
- Mentionner un ami dans une publication
- Indiquer un lieu dans une publication
- Indiquer une humeur ou une activité
- Publier une photo ou une vidéo
- Lancer une séance vidéo
- Ajouter une photo à une story
- Ajouter du texte à une story
- Afficher et partager des souvenirs
- Publier depuis l'application Facebook Mobile

PUBLIER UN STATUT FACEBOOK EN COULEURS

Mettre votre statut à jour, ajouter un élément à votre journal ou effectuer une publication, c'est la même chose ! La publication d'un statut dans sa forme la plus simple a été expliquée au chapitre 2 (dans la section « Effectuer une publication »). Vous allez ici apprendre à publier un statut « enrichi ».

1. Cliquez dans la zone **Que voulez-vous dire ?** en haut du fil d'actualité.
2. La fenêtre de publication apparaît. Saisissez quelques mots dans la zone **Que voulez-vous dire ?**.
3. Cliquez sur le bouton Aa pour choisir un arrière-plan coloré. Cliquez sur l'une des vignettes pour appliquer l'effet.
4. Pour voir tous les effets disponibles, cliquez sur ⁘ .
5. Cliquez sur le bouton **Publier** pour publier votre statut.

À l'inverse d'un message privé, le statut Facebook n'est pas personnel, il est visible dans votre journal et s'affiche dans le fil d'actualité de chacun de vos amis. Un lien permettant de le commenter est disponible pour ceux qui souhaitent réagir.

1 MIN

NIVEAU :

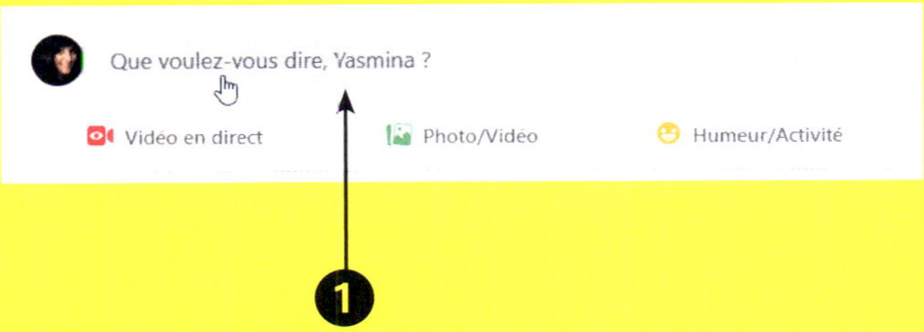
Que voulez-vous dire, Yasmina ?
Vidéo en direct
Photo/Vidéo
Humeur/Activité
1

Créer une publication
Yasmina Salmandjee
Amis
2
Nice, j'arrive dans 7 jours !
3
Ajouter à votre publication
5
Publier

Créer une publication
Yasmina Salmandjee
Amis
Nice, j'arrive dans 7 jours !
3
4

4
Choisir un arrière-plan
Nouveaux
Plus

AJOUTER UN ÉMOJI À UNE PUBLICATION

Un émoji est un petit dessin ou pictogramme. On emploie aussi le mot *smiley*. Très utilisés sur les réseaux sociaux et les messageries instantanées, les émojis peuvent servir à préciser ce que les mots ne peuvent aisément transmettre, à créer une forme de connivence, à donner un ton léger, humoristique et moins formel à un échange, ou tout simplement à animer la conversation.

1. Effectuez les étapes 1 et 2 de la tâche précédente.
2. Cliquez sur ☺ pour ajouter un emoji.
3. Cliquez sur un émoji pour l'insérer dans votre publication.

Les émojis utilisés récemment s'affichent en haut et vous pouvez naviguer dans les différentes catégories d'émojis à l'aide des boutons en bas de la fenêtre. Faites défiler vers le bas pour voir plus d'émojis. Chaque fois que vous cliquez sur un émoji, il est inséré dans le texte de votre publication.

4. Cliquez sur le bouton **Publier** pour publier votre statut.

1 MIN

NIVEAU :

Créer une publication
Yasmina Salmandjee
Amis
Nice, j'arrive dans 7 jours !
Emoji
2
Ajouter à votre publication
Publier

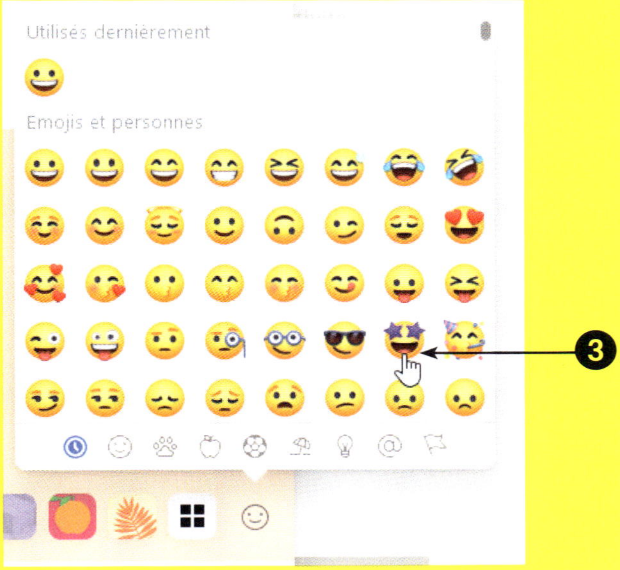

Utilisés dernièrement
Emojis et personnes
3

Créer une publication
Yasmina Salmandjee
Amis
Nice, j'arrive dans 7 jours !
Ajouter à votre publication
4
Publier

MENTIONNER UN AMI DANS UNE PUBLICATION

Vous pouvez mentionner un ou plusieurs amis Facebook dans votre publication. Cela sert tout simplement à indiquer que vous êtes avec la personne ou que celle-ci est concernée directement par votre publication.

1. Cliquez dans la zone **Que voulez-vous dire ?** en haut du fil d'actualité.
2. Créez une publication, comme expliqué précédemment.
3. Cliquez sur pour identifier un ami.
4. Saisissez les premières lettres du nom de la personne : les amis de votre réseau correspondants s'affichent dans une liste. Cliquez sur le nom de la personne à mentionner.
5. Recommencez pour identifier une ou plusieurs autres personnes.
6. Cliquez sur **Terminé**.
7. Le nom de la personne est inséré dans la publication, sous la forme d'un lien cliquable, qui redirigera vers le profil de l'ami concerné.

La personne mentionnée recevra une notification. De même, si un ami vous mentionne dans une publication, vous en serez notifié. Consultez le chapitre 5 pour plus d'informations.

3 MIN

NIVEAU :

Créer une publication
Yasmina Salmandjee
Amis
Nice, j'arrive dans 7 jours !
Identifier des amis
Ajouter à votre publication
Publier
3

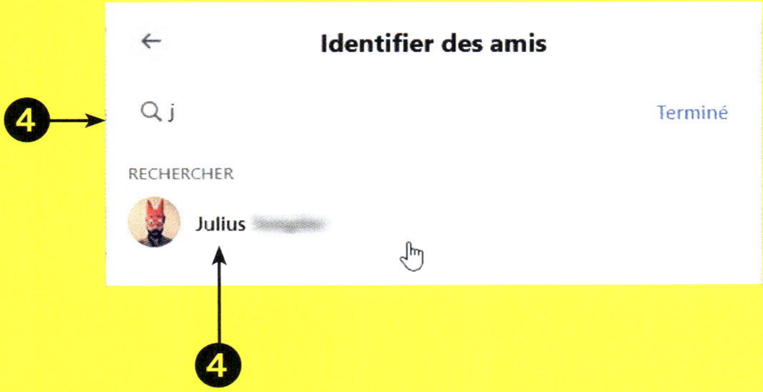
Identifier des amis
j
Terminé
RECHERCHER
Julius
4
4

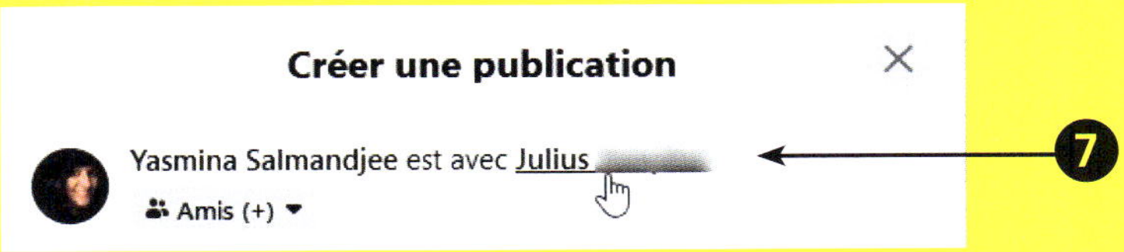
Créer une publication
Yasmina Salmandjee est avec Julius
Amis (+)
7

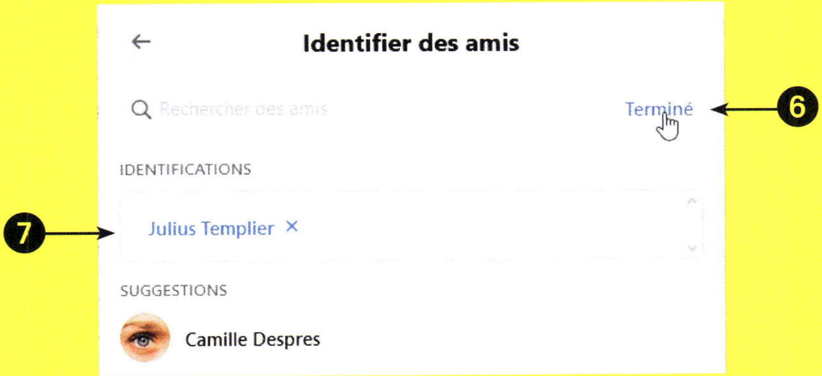
Identifier des amis
Rechercher des amis
Terminé
6
IDENTIFICATIONS
7
Julius Templier
SUGGESTIONS
Camille Despres

INDIQUER UN LIEU DANS UNE PUBLICATION

Vous pouvez indiquer un lieu dans votre statut. Ce lieu n'est pas nécessairement celui où vous vous trouvez. Il peut s'agir d'un point d'intérêt, d'une ville, d'un pays, d'un monument, d'un commerce, d'un hôtel, d'un musée… Différents types de lieux sont référencés sur Facebook, à vous de décider celui qui vous semble pertinent.

1. Cliquez dans la zone **Que voulez-vous dire ?** en haut du fil d'actualité et créez une publication.
2. Cliquez sur 📍 pour ajouter un lieu.
3. Saisissez les premières lettres du lieu.
4. Des propositions s'affichent. Cliquez sur l'une d'elles pour l'ajouter à votre publication.
5. Le nom du lieu est inséré dans la publication, sous la forme d'un lien cliquable, qui redirigera vers une page spéciale consacrée au lieu.
6. Cliquez sur le bouton **Publier** pour publier votre statut.

2 MIN

NIVEAU :

Créer une publication
Yasmina Salmandjee est avec Julius Templier
Amis (+)
Nice, j'arrive dans 7 jours !
Je suis là
Ajouter à votre publication
Publier
2

Rechercher un lieu
3
Cours saley
Market of Cours Saleya, Nice
Nice
4
Cours Saleya
Nice
LesPonchettes Cours Saleya
3 place charles felix, 06300 Nice
Le Marché d'Antiquités-Brocante du Cours Saleya à Nice
Cours Saleya, 06300 Nice
La Poissonnerie du cours Saleya
marché du cours Saleya, 06300 Nice
Marché À La Brocante (Cours Saleya)
06300 Nice
Cafédesfleurs Saleya
13 cours saleya, 06300 Nice

Créer une publication
Yasmina Salmandjee est avec Julius
à Cours Saleya
5
Amis (+)
Nice, j'arrive dans 7 jours !
Ajouter à votre publication
Publier
6

INDIQUER UNE HUMEUR OU UNE ACTIVITÉ

Vous pouvez agrémenter votre statut d'une humeur ou d'une activité pour indiquer ce que vous faites ou comment vous vous sentez.

1. Cliquez dans la zone **Que voulez-vous dire ?** en haut du fil d'actualité et créez une publication.
2. Cliquez sur ··· .
3. Cliquez sur **Humeur/Activité**.
4. Choisissez une **Émotion**. Cliquez pour l'insérer dans votre publication.
5. Si vous choisissez une **Activité**, sélectionnez un thème puis indiquez les informations complémentaires.
6. Votre humeur ou activité est ajoutée à l'intitulé de votre statut.
7. Cliquez sur le bouton **Publier** pour publier votre statut.

2 MIN

NIVEAU :

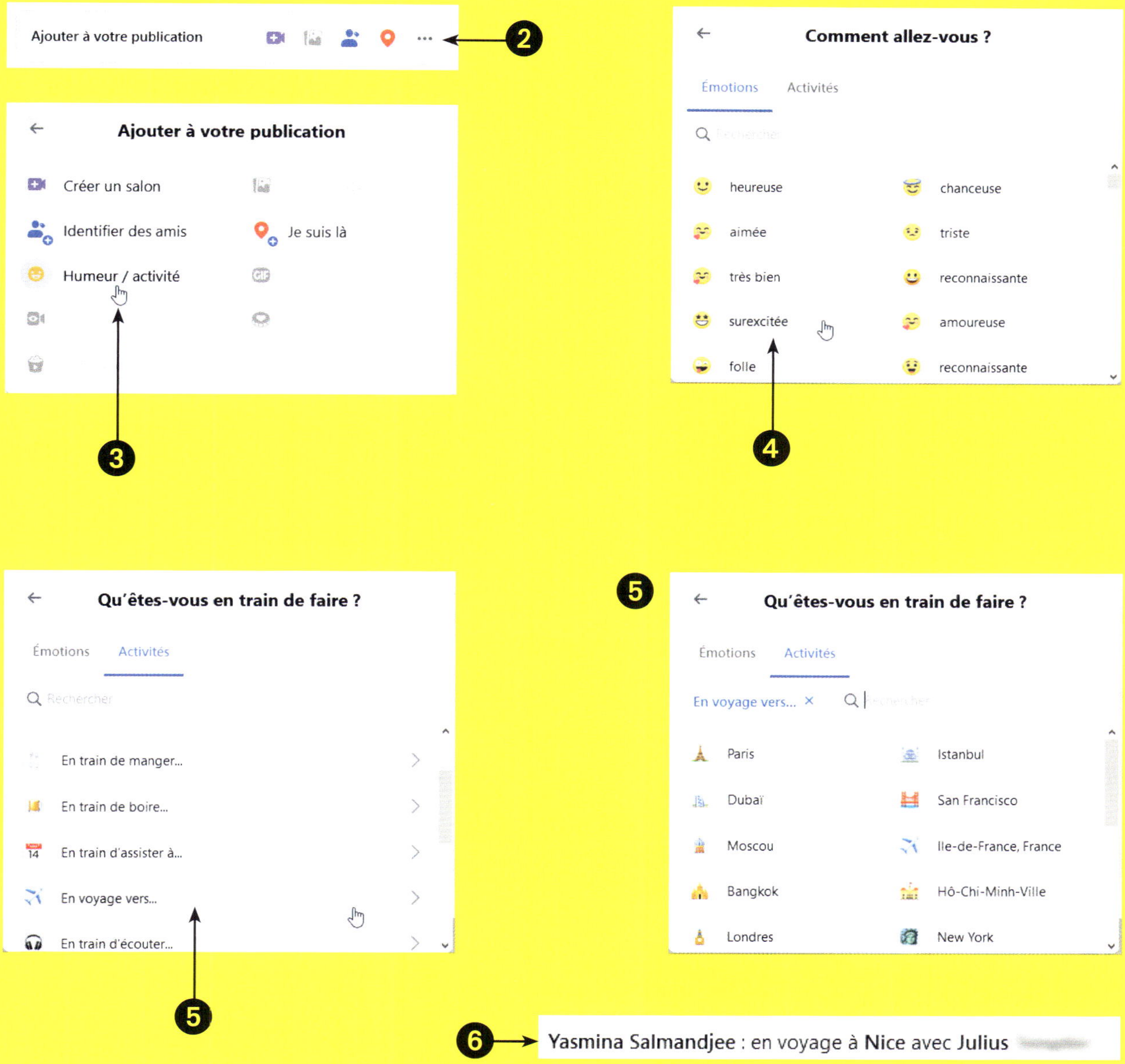
Ajouter à votre publication
2
Ajouter à votre publication
Créer un salon
Identifier des amis
Je suis là
Humeur / activité
3
Comment allez-vous ?
Émotions
Activités
heureuse
chanceuse
aimée
triste
très bien
reconnaissante
surexcitée
amoureuse
folle
reconnaissante
4
Qu'êtes-vous en train de faire ?
Émotions
Activités
Rechercher
En train de manger...
En train de boire...
En train d'assister à...
En voyage vers...
En train d'écouter...
5
5
Qu'êtes-vous en train de faire ?
Émotions
Activités
En voyage vers... ×
Paris
Istanbul
Dubaï
San Francisco
Moscou
Ile-de-France, France
Bangkok
Hô-Chi-Minh-Ville
Londres
New York
6
Yasmina Salmandjee : en voyage à Nice avec Julius

PUBLIER UNE PHOTO OU UNE VIDÉO

1. Cliquez sur le bouton **Photo/Vidéo** au-dessous de la zone **Que voulez-vous dire ?**.
2. La fenêtre **Ouvrir** apparaît. Parcourez les documents sur votre ordinateur et sélectionnez la photo ou la vidéo à télécharger dans votre bibliothèque d'images.

> Maintenez la touche **Ctrl** enfoncée pour sélectionner plusieurs photos.

3. Cliquez sur le bouton **Ouvrir**.
4. La photo/vidéo est ajoutée à une publication qu'il ne vous reste plus qu'à compléter.
5. Ajoutez quelques mots, si vous le souhaitez, dans la zone **Que voulez-vous dire ?**.

3 MIN

NIVEAU :

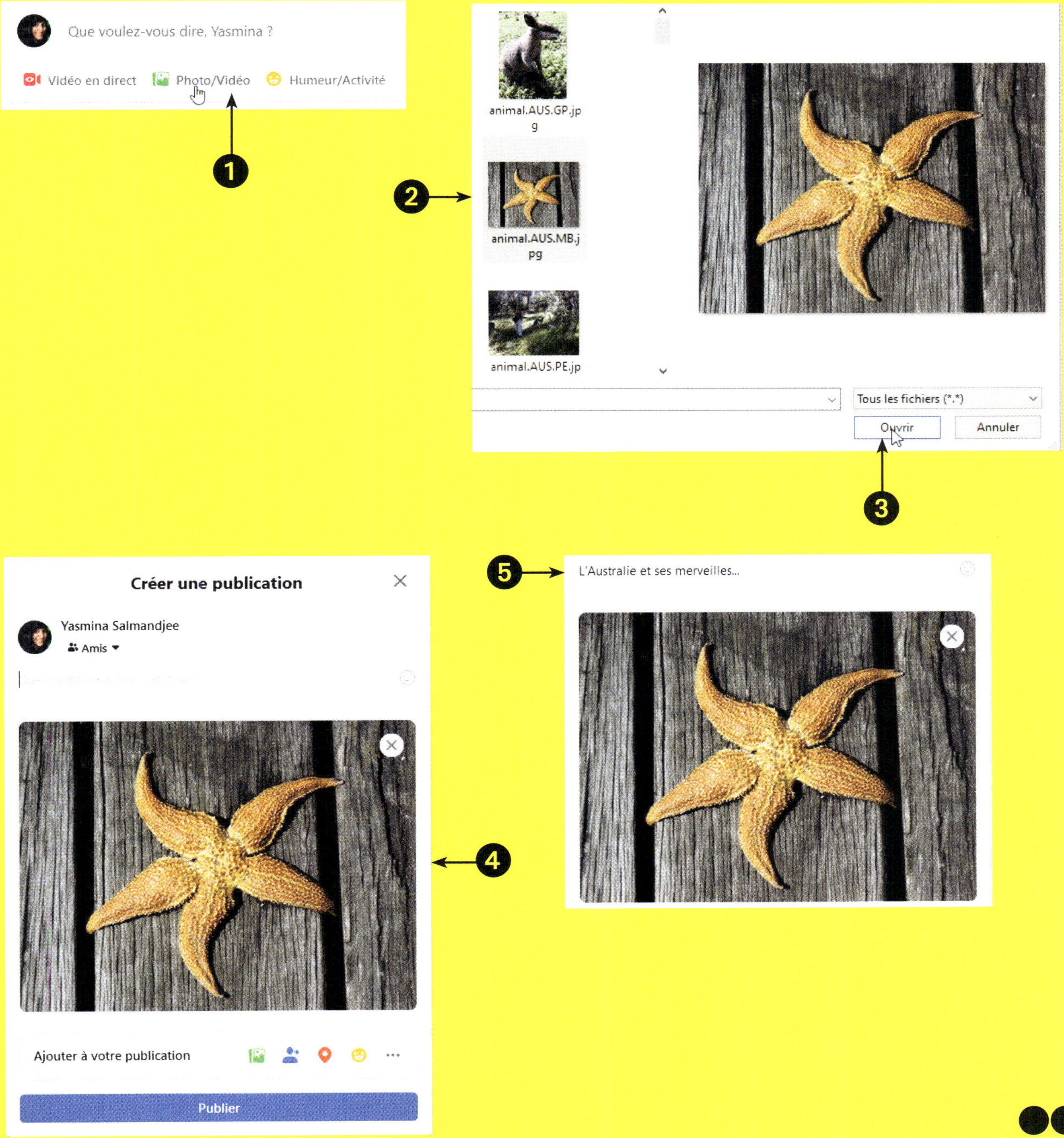

Que voulez-vous dire, Yasmina ?
Vidéo en direct
Photo/Vidéo
Humeur/Activité
1
2
animal.AUS.GP.jpg
animal.AUS.MB.jpg
animal.AUS.PE.jp
Tous les fichiers (*.*)
Ouvrir
Annuler
3
Créer une publication
Yasmina Salmandjee
Amis
Ajouter à votre publication
Publier
4
5
L'Australie et ses merveilles...

PUBLIER UNE PHOTO OU UNE VIDÉO (SUITE)

6. Complétez votre publication en ajoutant éventuellement un émoji, une humeur ou activité, ou encore en mentionnant une personne ou un lieu.

Ces opérations ont été expliquées précédemment.

7. Cliquez sur le bouton **Publier** pour publier votre photo ou vidéo.
8. La photo est partagée dans votre journal.
9. Elle apparaît aussi dans l'album **Photos** visible sur votre profil Facebook.

Vous pouvez identifier une ou plusieurs personnes sur une photo parmi vos amis. Consultez le chapitre 5 pour plus d'informations à ce sujet.

3 MIN

NIVEAU :

6

7

8

9

LANCER UNE SÉANCE VIDÉO

Organiser une séance vidéo permet de regarder avec vos amis une ou plusieurs vidéos déjà publiées sur Facebook.

1. Cliquez dans la zone **Que voulez-vous dire ?** en haut du fil d'actualité et créez une publication.
2. Cliquez sur ··· .
3. Cliquez sur **Séance vidéo**.
4. Une sélection de vidéos apparaît. Utilisez le champ **Rechercher des vidéos** pour effectuer une recherche par mot-clé.
5. Sélectionnez une ou plusieurs vidéos pour les ajouter à votre séance.
6. Cliquez sur **Suivant**.

5 MIN

NIVEAU :

Ajouter à votre publication
2

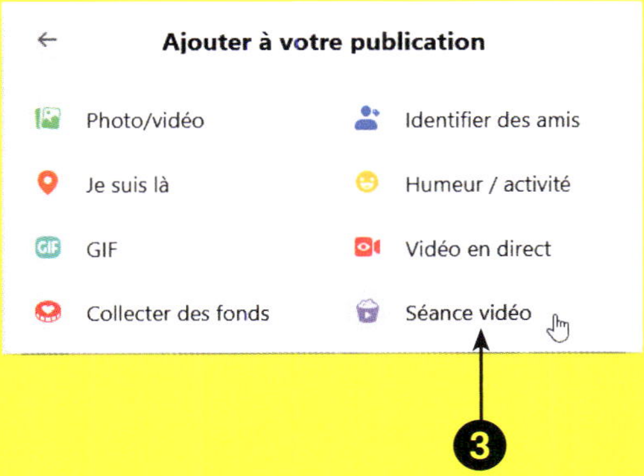
Ajouter à votre publication
Photo/vidéo
Identifier des amis
Je suis là
Humeur / activité
GIF
Vidéo en direct
Collecter des fonds
Séance vidéo
3

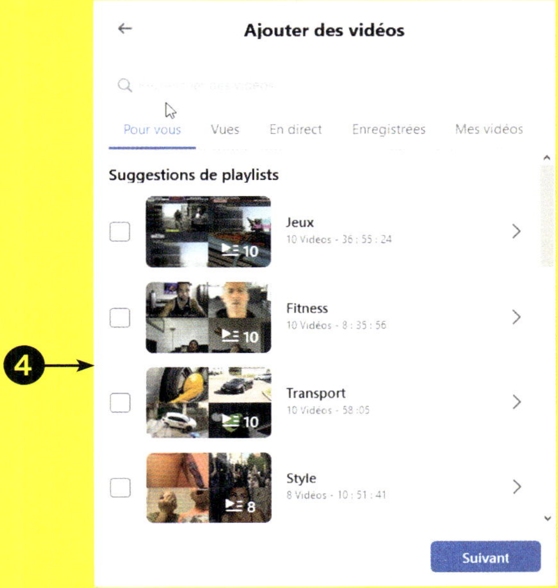
Ajouter des vidéos
Pour vous
Vues
En direct
Enregistrées
Mes vidéos
Suggestions de playlists
Jeux
Fitness
10 Vidéos - 8 : 35 : 56
Transport
10 Vidéos - 58 :05
Style
8 Vidéos - 10 : 51 : 41
Suivant
4

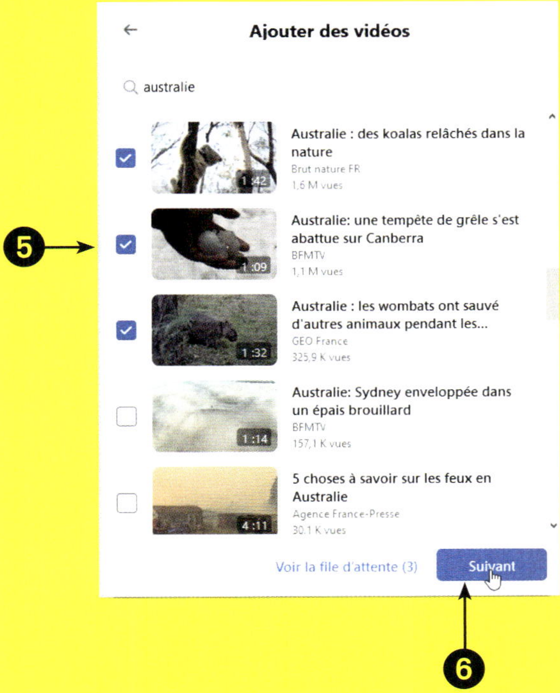
Ajouter des vidéos
australie
Australie : des koalas relâchés dans la nature
Brut nature FR
1,6 M vues
Australie: une tempête de grêle s'est abattue sur Canberra
BFMTV
1,1 M vues
Australie : les wombats ont sauvé d'autres animaux pendant les...
GEO France
325,9 K vues
Australie: Sydney enveloppée dans un épais brouillard
BFMTV
157,1 K vues
5 choses à savoir sur les feux en Australie
Agence France-Presse
30,1 K vues
Voir la file d'attente (3)
Suivant
5
6

LANCER UNE SÉANCE VIDÉO (SUITE)

7. Ajoutez éventuellement quelques mots et complétez votre publication.
8. Cliquez sur le bouton **Publier** pour publier votre statut.
9. La séance vidéo est partagée dans votre journal et démarre immédiatement. Vos amis pourront regarder votre sélection avec vous et réagir s'ils le souhaitent.
10. Cliquez sur le bouton **Incrustation vidéo** pour afficher le lecteur en mode incrustation dans votre fil d'actualité Facebook.

Vous pouvez lancer une séance vidéo depuis une page Facebook, un groupe, ou tout endroit où est publiée une vidéo publique sur Facebook.

5 MIN

NIVEAU :

7

8

9

10

AJOUTER UNE PHOTO À UNE STORY

Une story est une publication éphémère. Elle est visible pendant 24 heures seulement. Elle n'apparaît pas dans votre journal, mais uniquement dans la zone Story de votre profil. Une story peut contenir une ou plusieurs photos, des vidéos ou du texte.

1. Cliquez sur le bouton + dans la zone **Ajouter à votre story**, située en haut du fil d'actualité.
2. Cliquez sur **Ajouter une photo**.
3. Sélectionnez la photo dans votre ordinateur et cliquez sur **Ouvrir**.
4. Cliquez sur la photo pour la recadrer ou la faire pivoter.
5. Cliquez sur **Ajouter du texte** et choisissez une couleur, puis saisissez quelques mots qui apparaîtront au-dessus de votre photo.
6. Cliquez sur le bouton **Partager dans la story**.

2 MIN

NIVEAU :

Ajouter à votre story
Partager une photo ou un texte dans votre story
1

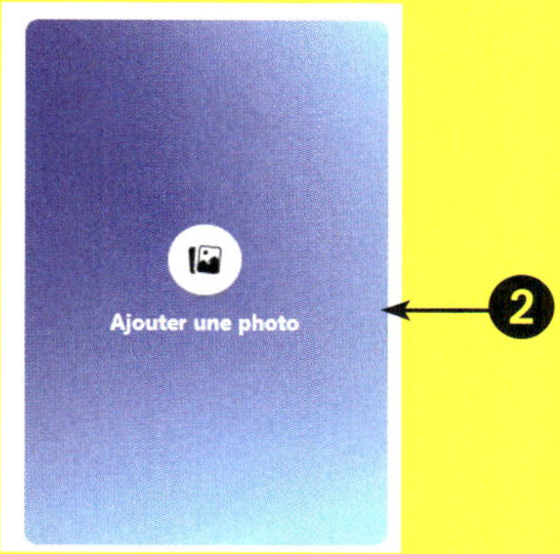
Ajouter une photo
2

Aperçu
Pivoter
4

Aa Ajouter du texte
5

Stories
Votre story
Yasmina Salmandjee
Aa Ajouter du texte
Abandonner
Partager dans la...
6

AJOUTER DU TEXTE À UNE STORY

1. Cliquez sur le bouton + dans la zone **Ajouter à votre story**, située en haut du fil d'actualité.
2. Cliquez sur **Ajouter une story texte**.
3. Saisissez votre story dans la zone **Texte**.
4. Cliquez sur le menu **Police** pour choisir une police de caractères.
5. Choisissez un fond coloré dans la zone **Arrière-plans**.
6. Cliquez sur le bouton **Partager dans la story**.

Affichez votre propre story en cliquant sur **Votre story** en haut du fil d'actualité. Vous y verrez également des informations sur les spectateurs de votre story ainsi que les stories de vos amis.

2 MIN

NIVEAU :

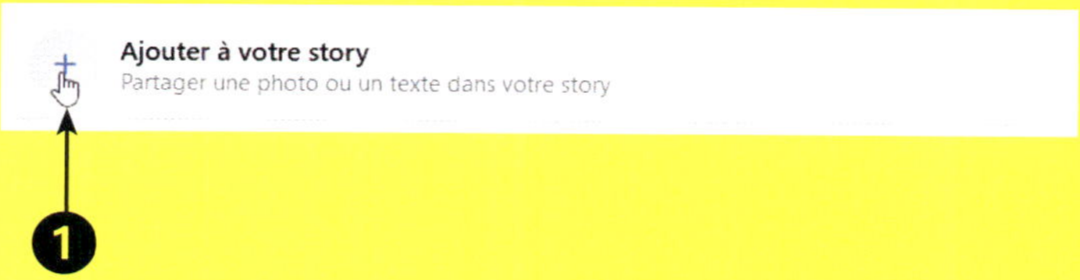
Ajouter à votre story
Partager une photo ou un texte dans votre story
1

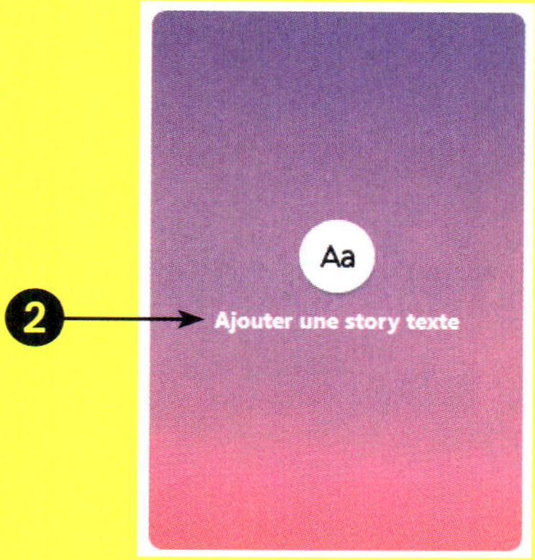
2
Aa
Ajouter une story texte

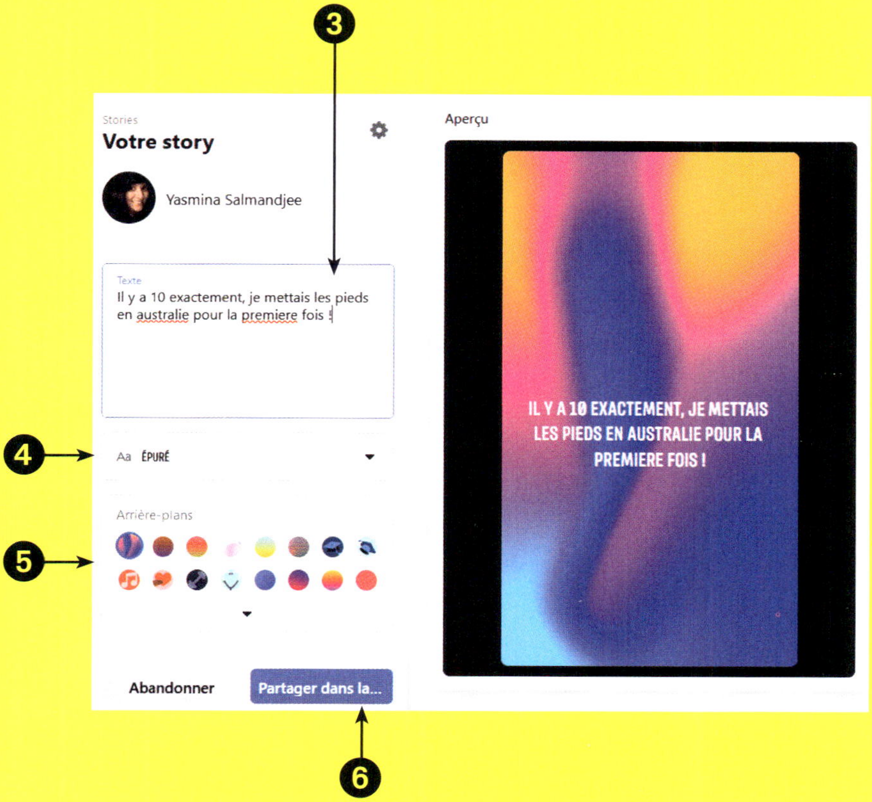
3
Stories
Votre story
Yasmina Salmandjee
Texte
Il y a 10 exactement, je mettais les pieds en australie pour la premiere fois !
4
Aa ÉPURÉ
Arrière-plans
5
Abandonner
Partager dans la...
6
Aperçu
IL Y A 10 EXACTEMENT, JE METTAIS LES PIEDS EN AUSTRALIE POUR LA PREMIERE FOIS !

Aa Original
ÉPURÉ
Covid Movements
Simple
Décontracté
Original
Titre
4

AFFICHER ET PARTAGER DES SOUVENIRS

Facebook vous proposera de revoir et partager à nouveau une publication un, deux, trois ou même dix ans après sa parution. C'est ce qu'on appelle un « souvenir ».

1. Facebook affiche un souvenir chaque année après sa première publication, jour pour jour, en haut de votre fil d'actualité. Vous pouvez aussi voir tous les souvenirs en cliquant sur **Souvenirs** dans le menu latéral de Facebook.
2. Pour partager à nouveau un souvenir dans une publication, cliquez sur le bouton **Partager**.
3. Une publication contenant le souvenir s'affiche. Cliquez sur le bouton **Publier**.
4. La publication est ajoutée à votre journal sous la forme d'un souvenir, avec une indication de son ancienneté.

Il suffit de cliquer sur le souvenir pour voir la publication d'origine.

3 MIN

NIVEAU :

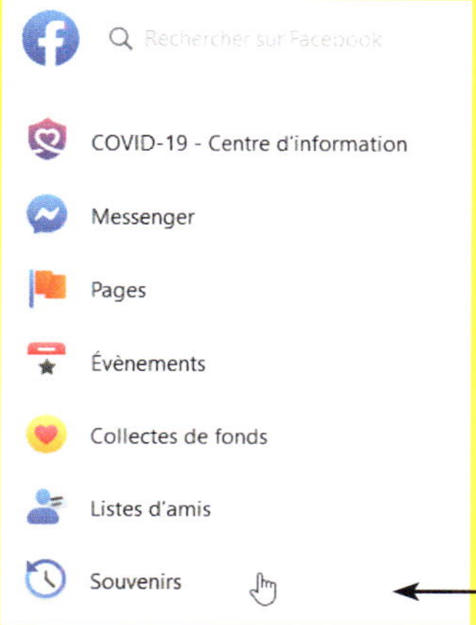

1

2

3

4

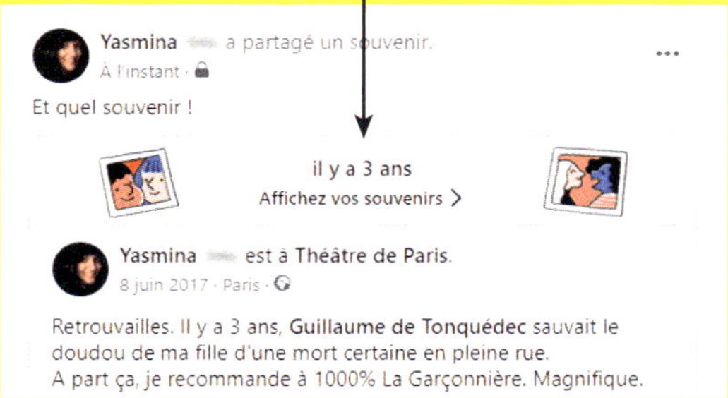

PUBLIER DEPUIS L'APPLICATION FACEBOOK MOBILE

L'application Facebook Mobile, introduite au premier chapitre, permet d'effectuer exactement les mêmes opérations que celles présentées jusqu'ici, et parfois plus encore. C'est le cas de la diffusion d'une vidéo en direct, facilitée par la présence d'une caméra sur les smartphones et les tablettes.

1. Pour publier un statut, touchez la zone **Que voulez-vous dire ?** en haut d'écran.

2. Saisissez du texte et choisissez un fond, puis complétez votre publication.

3. Touchez le bouton **Photo** et choisissez directement une image dans la pellicule photo de votre appareil mobile. Une fonction spéciale de Facebook Mobile permet de créer une photo 3D si vous le souhaitez.

4. Touchez le bouton **En direct** pour lancer la diffusion d'une vidéo en direct depuis votre smartphone ou tablette. Touchez **Diffuser en direct** et c'est parti !

5. Touchez le bouton **Créer une story** pour ajouter une photo, une vidéo ou du texte à votre story Facebook.

10 MIN

NIVEAU :

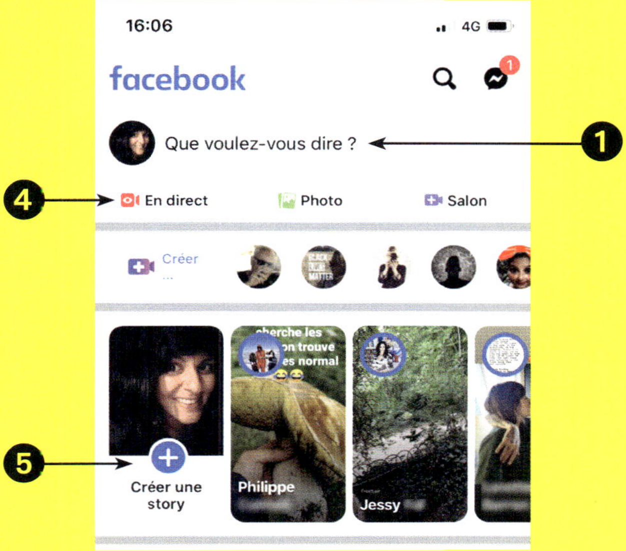

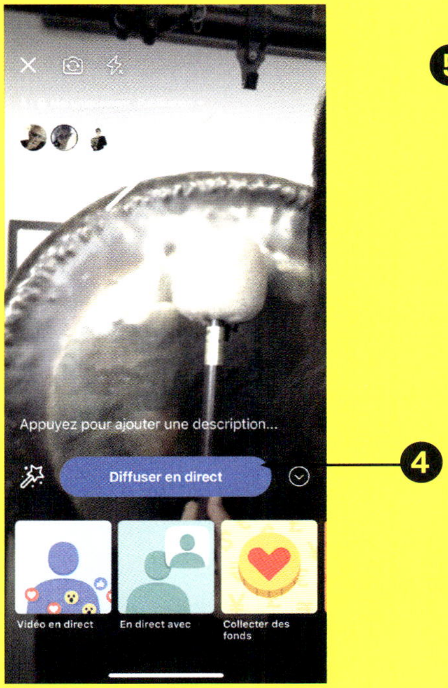

CHAPITRE 5

GÉRER LES AMIS ET LES PUBLICATIONS

Tout l'intérêt de Facebook réside dans le fait de pouvoir interagir avec votre réseau, c'est-à-dire l'ensemble de vos amis. Une fois votre réseau formé, plusieurs outils et techniques permettent d'affiner son organisation et de maîtriser la confidentialité de vos publications.

- Voir la liste de ses amis
- Gérer les invitations
- Choisir le niveau de confidentialité d'une publication
- Modifier ou supprimer une publication
- Partager une publication
- Masquer les publications d'un ami
- Enregistrer un élément
- Identifier des amis sur des photos
- Organiser les listes d'amis
- Créer des listes personnalisées
- Supprimer ou bloquer/ débloquer un contact
- S'abonner aux publications d'une personne

VOIR LA LISTE DE SES AMIS

1. Pour voir la liste de tous vos amis, affichez votre journal Facebook en cliquant sur votre nom.
2. Cliquez sur le lien **Amis**.

> Le nombre total de vos amis apparaît à côté du lien.

3. Votre liste d'amis complète apparaît, avec pour chacun d'eux, le nombre d'amis que vous avez en commun.
4. Vous pouvez saisir les premières lettres d'un nom dans le champ de recherche pour filtrer la liste et retrouver une personne rapidement.
5. Cliquez sur le nom d'une personne pour afficher son journal. Survolez le nom pour voir des informations essentielles.

1 MIN

NIVEAU :

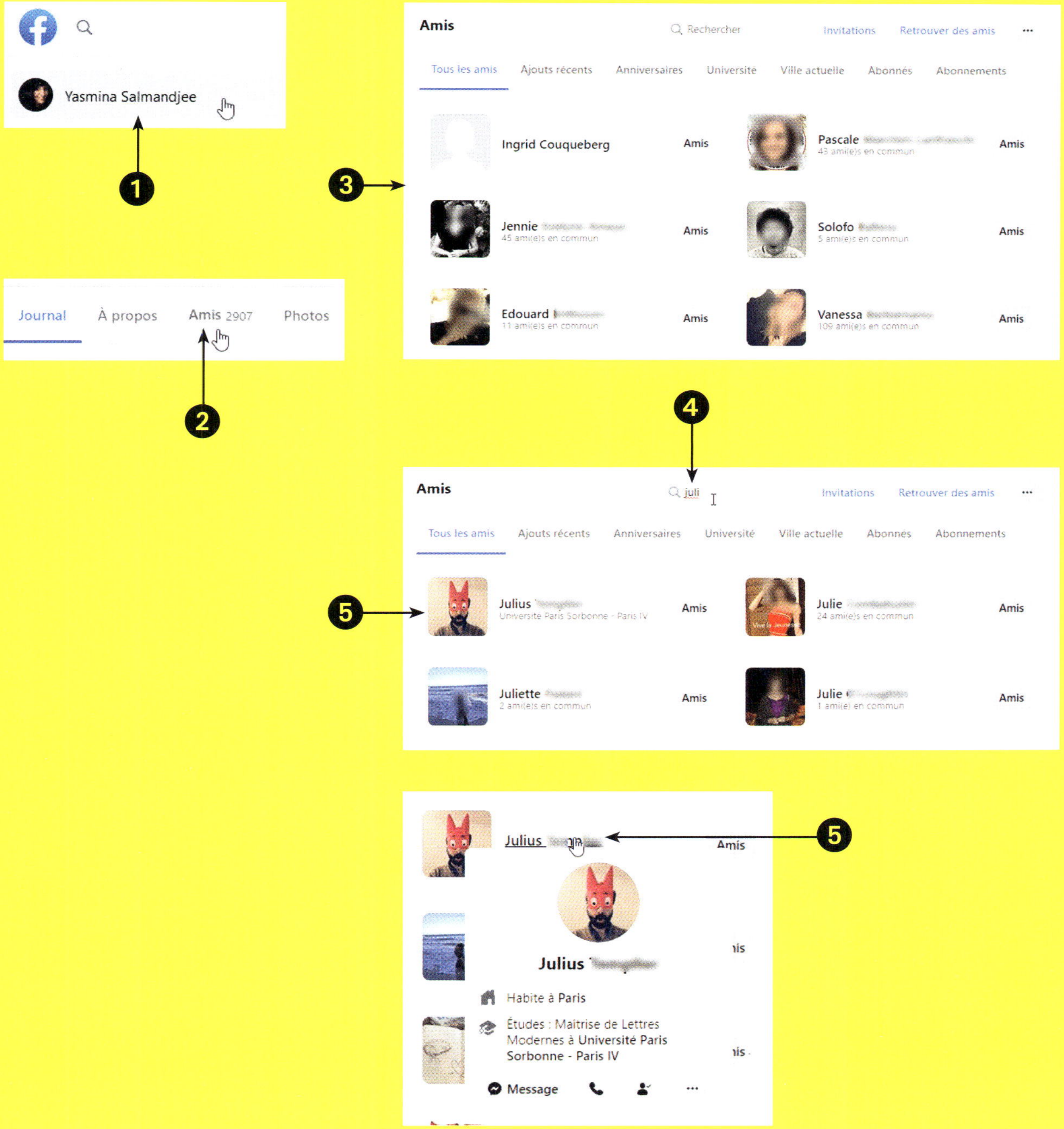

Yasmina Salmandjee
1
Journal
À propos
Amis 2907
Photos
2
3
Amis
Rechercher
Invitations
Retrouver des amis
Tous les amis
Ajouts récents
Anniversaires
Université
Ville actuelle
Abonnés
Abonnements
Ingrid Couqueberg
Amis
Pascale
43 ami(e)s en commun
Amis
Jennie
45 ami(e)s en commun
Amis
Solofo
5 ami(e)s en commun
Amis
Edouard
11 ami(e)s en commun
Amis
Vanessa
109 ami(e)s en commun
Amis
4
Amis
juli
Invitations
Retrouver des amis
Tous les amis
Ajouts récents
Anniversaires
Université
Ville actuelle
Abonnés
Abonnements
5
Julius
Université Paris Sorbonne - Paris IV
Amis
Julie
24 ami(e)s en commun
Amis
Juliette
2 ami(e)s en commun
Amis
Julie
1 ami(e) en commun
Amis
Julius
Amis
5
Julius
Habite à Paris
Études : Maîtrise de Lettres Modernes à Université Paris Sorbonne - Paris IV
Message

GÉRER LES INVITATIONS

1. Cliquez sur 👥.
2. L'historique de vos invitations et demandes de contact s'affiche.
3. Vous pouvez **Confirmer** une invitation ou au contraire la supprimer.
4. Cliquez sur **Voir les invitations envoyées** pour voir les invitations que vous avez émises.
5. Vous pouvez à tout moment annuler la demande : cliquez sur le bouton **Annuler l'invitation**. La personne ne sera pas notifiée de l'annulation, mais ne verra plus votre invitation en attente.

1 MIN

NIVEAU :

Amis

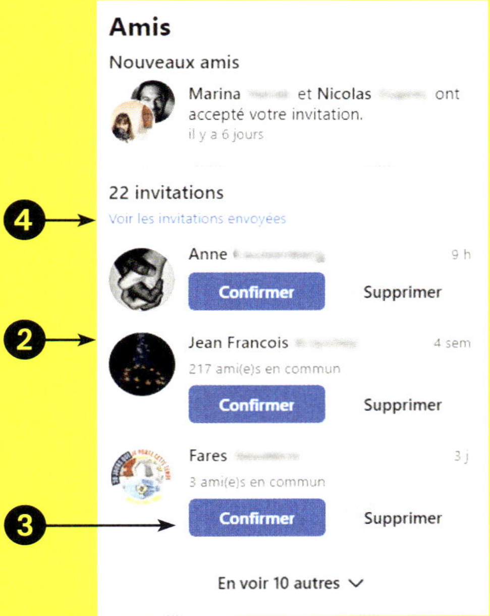
Amis
Nouveaux amis
Marina et Nicolas ont accepté votre invitation.
il y a 6 jours
22 invitations
Voir les invitations envoyées
Anne
9 h
Confirmer
Supprimer
Jean Francois
4 sem
217 ami(e)s en commun
Confirmer
Supprimer
Fares
3 j
3 ami(e)s en commun
Confirmer
Supprimer
En voir 10 autres

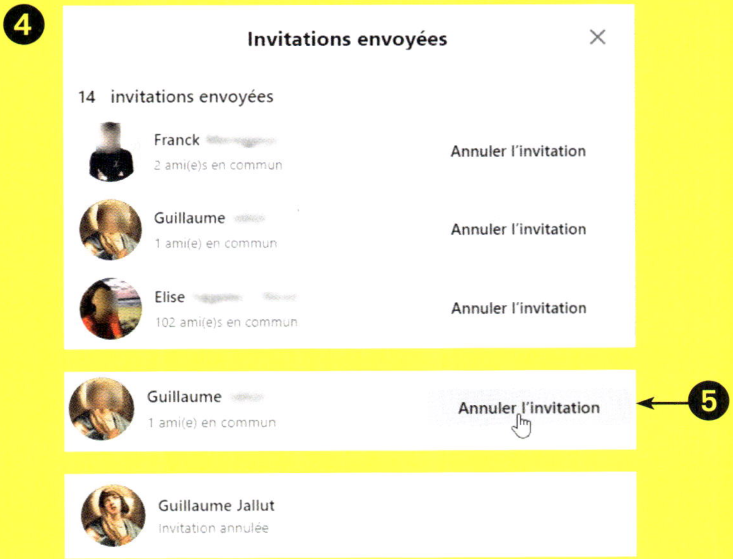
Invitations envoyées
14 invitations envoyées
Franck
2 ami(e)s en commun
Annuler l'invitation
Guillaume
1 ami(e) en commun
Annuler l'invitation
Elise
102 ami(e)s en commun
Annuler l'invitation
Guillaume
1 ami(e) en commun
Annuler l'invitation
Guillaume Jallut
Invitation annulée

CHOISIR LE NIVEAU DE CONFIDENTIALITÉ D'UNE PUBLICATION

Vous avez la possibilité de choisir le niveau de confidentialité de toutes vos publications, c'est-à-dire de décider qui peut voir la publication en question. Par défaut, les publications sont visibles par vos amis.

1. Cliquez sur le bouton **Amis** pour afficher le menu. L'option par défaut, **Amis,** affiche la publication uniquement dans le fil d'actualité de vos amis.

2. Choisissez **Public** pour rendre la publication visible par tous sur Facebook, y compris les membres ne faisant pas partie de vos amis et même ceux qui ne sont pas inscrits sur le réseau.

3. **Amis sauf** et **Amis spécifiques** sont deux options qui permettent de choisir exactement qui, parmi vos contacts, peut ou ne peut pas voir la publication. Cliquez sur les noms des personnes à extraire ou à inclure dans la liste de vos amis.

4. **Moi uniquement** affiche la publication uniquement dans votre propre fil d'actualité.

1 MIN

NIVEAU :

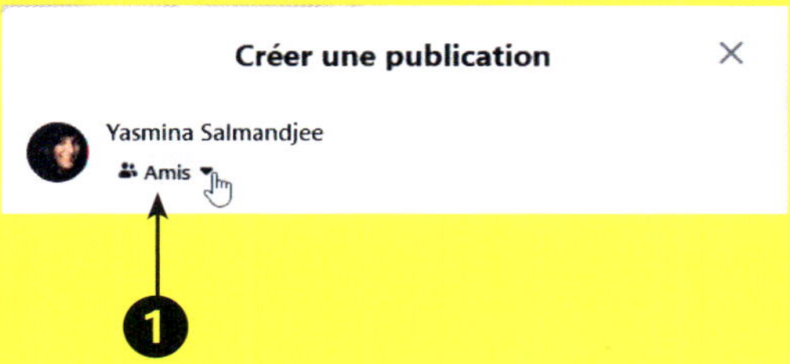
Créer une publication
Yasmina Salmandjee
Amis
1

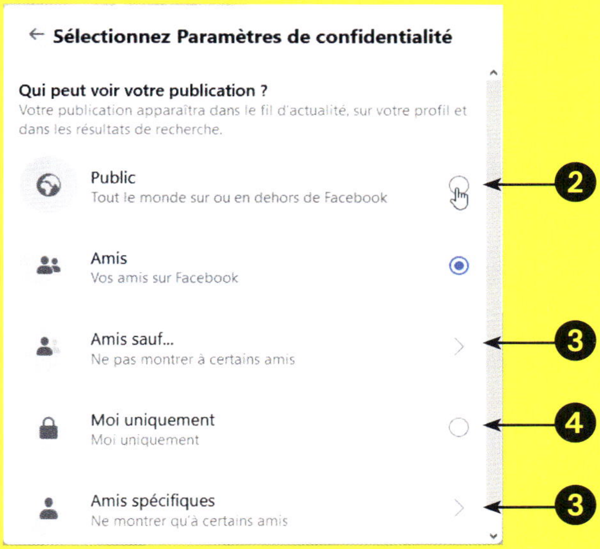
Sélectionnez Paramètres de confidentialité
Qui peut voir votre publication ?
Votre publication apparaîtra dans le fil d'actualité, sur votre profil et dans les résultats de recherche.
Public
Tout le monde sur ou en dehors de Facebook
Amis
Vos amis sur Facebook
Amis sauf...
Ne pas montrer à certains amis
Moi uniquement
Moi uniquement
Amis spécifiques
Ne montrer qu'à certains amis
2
3
4
3

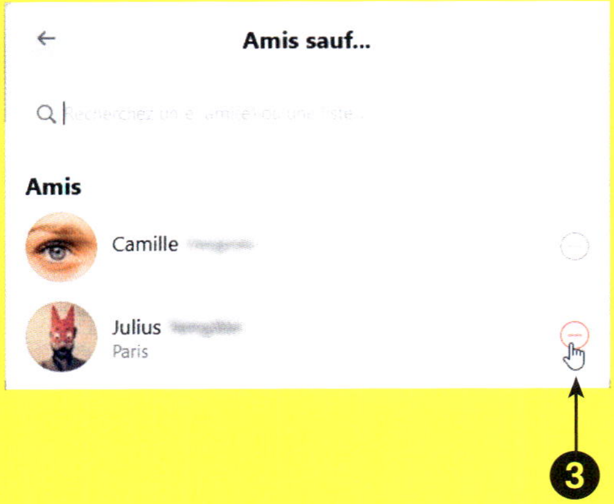
Amis sauf...
Amis
Camille
Julius
Paris
3

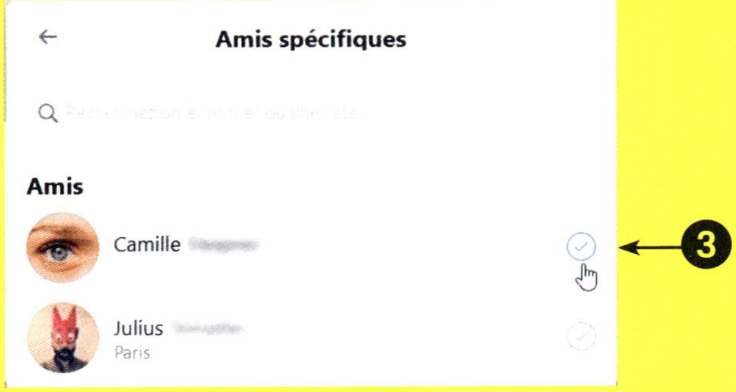
Amis spécifiques
Amis
Camille
Julius
Paris
3

MODIFIER OU SUPPRIMER UNE PUBLICATION

Vous pouvez éditer un statut après sa publication, et même le supprimer. Notez qu'une modification après le partage initial fait apparaître la mention **Modifié** dans les détails de la publication.

1. Affichez la publication dans votre fil d'actualité ou, pour la retrouver plus facilement, dans votre journal : cliquez sur votre nom dans la barre d'outils en haut de l'écran.
2. Cliquez sur le bouton ··· .
3. Cliquez sur **Modifier la publication** pour éditer le contenu de la publication : texte, photo, lieu, humeur, *etc.*
4. Pour modifier le paramètre de confidentialité de la publication, cliquez sur **Modifier l'audience**.

Si vous restreignez la visibilité d'un statut après sa publication, certaines personnes l'auront peut-être tout de même déjà vu.

3 MIN

NIVEAU :

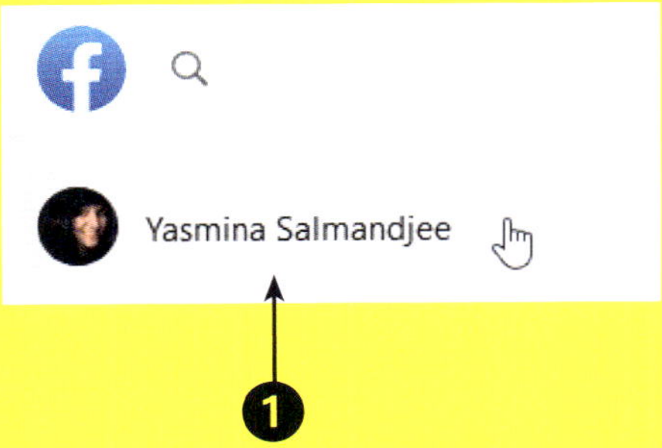
Yasmina Salmandjee
1

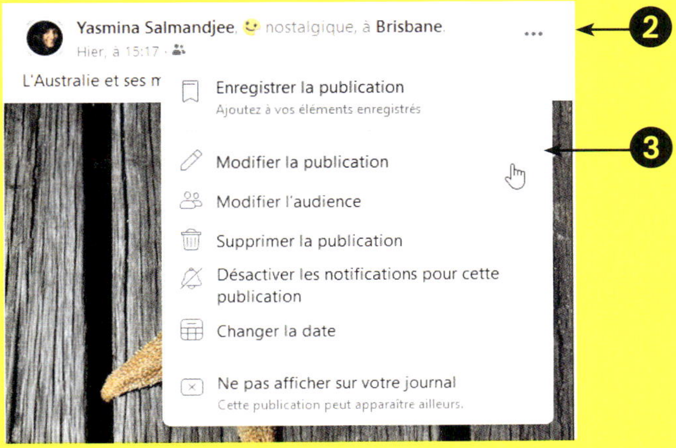
Yasmina Salmandjee, nostalgique, à Brisbane.
Hier, à 15:17
L'Australie et ses m
Enregistrer la publication
Ajoutez à vos éléments enregistrés
Modifier la publication
Modifier l'audience
Supprimer la publication
Désactiver les notifications pour cette publication
Changer la date
Ne pas afficher sur votre journal
Cette publication peut apparaître ailleurs.
2
3

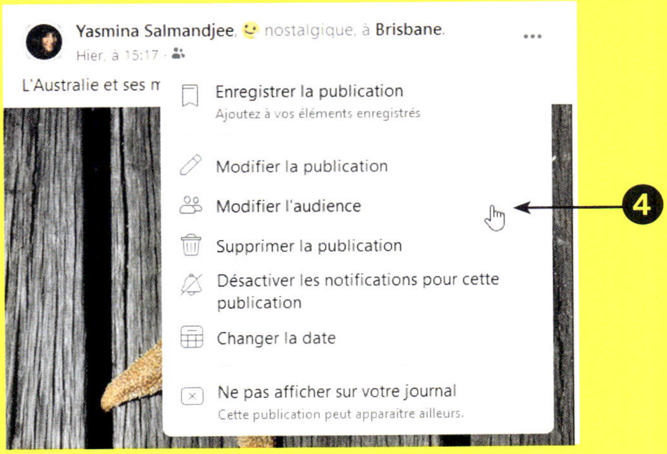
Yasmina Salmandjee, nostalgique, à Brisbane.
Hier, à 15:17
L'Australie et ses m
Enregistrer la publication
Ajoutez à vos éléments enregistrés
Modifier la publication
Modifier l'audience
Supprimer la publication
Désactiver les notifications pour cette publication
Changer la date
Ne pas afficher sur votre journal
Cette publication peut apparaître ailleurs.
4

MODIFIER OU SUPPRIMER UNE PUBLICATION (SUITE)

5. Choisissez une nouvelle option.
6. Cliquez sur **Supprimer la publication** pour l'effacer définitivement.
7. Vous pouvez choisir de ne pas recevoir de notification lorsqu'un ami réagit ou commente la publication : cliquez sur **Désactiver les notifications pour cette publication**.
8. Cliquez sur **Ne pas afficher sur votre journal** pour masquer une publication de votre journal. Cela la rend invisible lorsqu'on affiche votre profil, sans pour autant la supprimer.

3 MIN

NIVEAU :

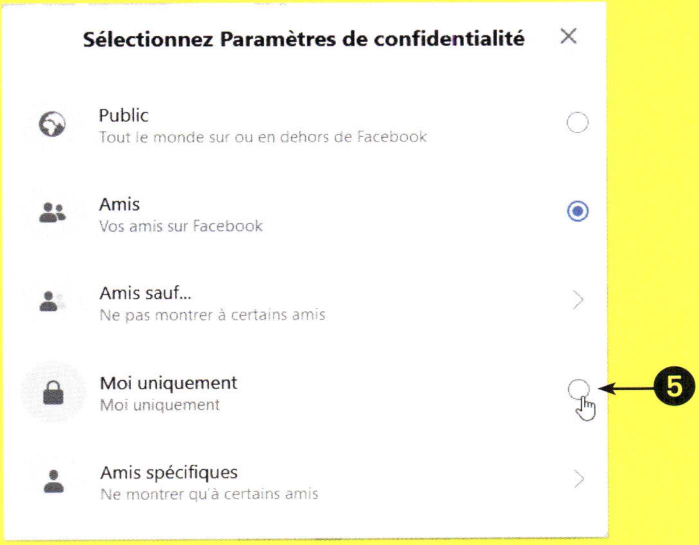
Sélectionnez Paramètres de confidentialité
Public
Tout le monde sur ou en dehors de Facebook
Amis
Vos amis sur Facebook
Amis sauf...
Ne pas montrer à certains amis
Moi uniquement
Moi uniquement
Amis spécifiques
Ne montrer qu'à certains amis
5

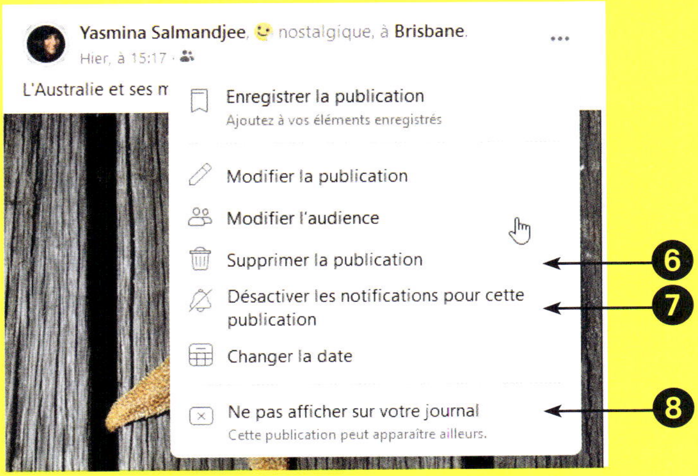
Yasmina Salmandjee, nostalgique, à Brisbane.
Hier, à 15:17
L'Australie et ses m
Enregistrer la publication
Ajoutez à vos éléments enregistrés
Modifier la publication
Modifier l'audience
Supprimer la publication
Désactiver les notifications pour cette publication
Changer la date
Ne pas afficher sur votre journal
Cette publication peut apparaître ailleurs.
6
7
8

PARTAGER UNE PUBLICATION

Vous pouvez partager une publication, c'est-à-dire la diffuser à votre tour, dans votre propre journal. Cette option concerne les liens, photos et vidéos partagés par des membres de votre réseau.

1. Pour partager un élément, cliquez sur le lien **Partager**.

Seules les publications publiques affichent ce lien et peuvent être partagées.

2. Cliquez sur **Partager maintenant** pour publier l'élément tel quel dans votre propre journal, le rendant ainsi visible à votre réseau, ou sur **Partager dans votre story** pour publier l'élément dans votre story. C'est le paramètre de confidentialité par défaut qui s'applique ici.
3. Pour ajouter un message et personnaliser la publication, ou modifier le paramètre de confidentialité, cliquez sur **Publier un message**.
4. Pour partager l'élément avec un ami, par message privé *via* Facebook Messenger, cliquez sur **Envoyer dans Messenger**.
5. Pour partager l'élément dans le journal d'un ami, choisissez l'option correspondante. Ajoutez éventuellement quelques mots puis cliquez sur **Partager** en regard du nom d'un ami.

Seuls les amis ayant autorisé l'écriture dans leur journal s'affichent ici.

2 MIN NIVEAU :

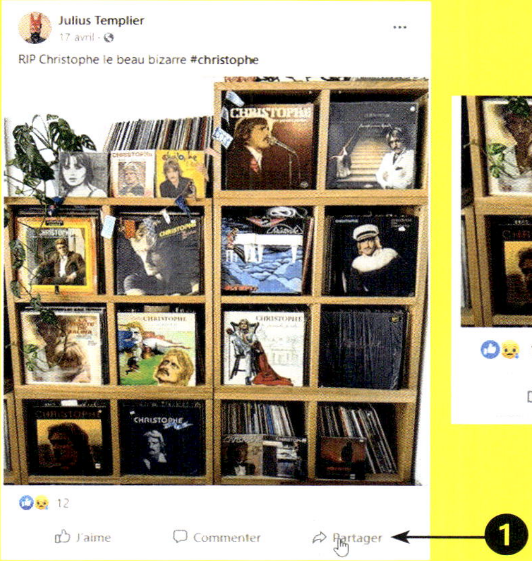
Julius Templier
17 avril
RIP Christophe le beau bizarre #christophe
12
J'aime
Commenter
Partager
1

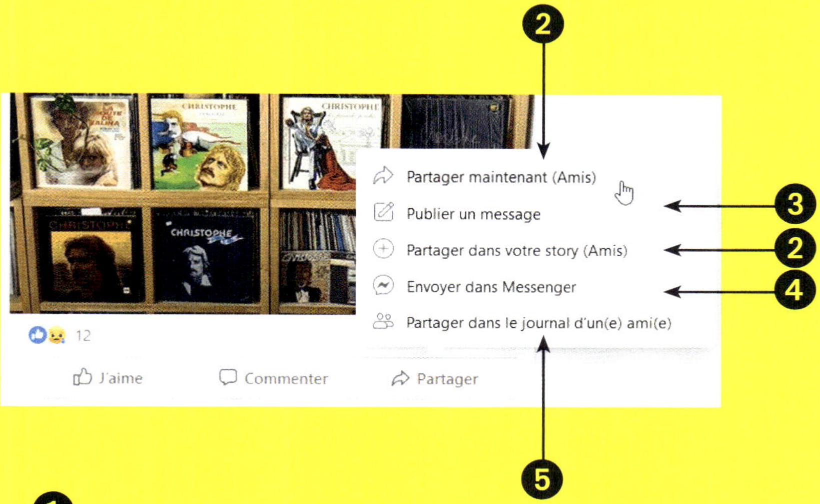
2
Partager maintenant (Amis)
Publier un message
Partager dans votre story (Amis)
Envoyer dans Messenger
Partager dans le journal d'un(e) ami(e)
3
2
4
12
J'aime
Commenter
Partager
5

Écrire une publication
Yasmina Salmandjee
Amis
Julius Templier
17 avril
RIP Christophe le beau bizarre #christophe
Publier
3

Partager sur le journal d'un(e) ami(e)
Julius
17 avril
RIP Christophe le beau bizarre #christophe
Tous vos amis
Camille
Partager
5

MASQUER DES PUBLICATIONS

Vous pouvez personnaliser votre fil d'actualité et filtrer l'affichage de certains éléments. Cela permet, par exemple, de ne plus voir les publications d'une personne sans pour autant la retirer de votre liste d'amis.

1. Lorsqu'une publication de la personne apparaît dans votre fil d'actualité, cliquez sur le bouton ··· .
2. Pour masquer la publication et toutes les publications du type concerné, cliquez sur **Masquer la publication**.
3. Pour masquer temporairement les publications d'une personne, choisissez l'option **Masquer… pendant 30 jours**.
4. Pour masquer toutes les publications de la personne, cliquez sur **Se désabonner de…**.
5. Un message d'information s'affiche à la place de la publication.

Si vous changez d'avis et souhaitez réintégrer les actualités d'un ami dans votre fil d'actualité, rendez-vous dans le journal de l'ami concerné. Cliquez sur le bouton puis sur **S'abonner**.

1 MIN

NIVEAU :

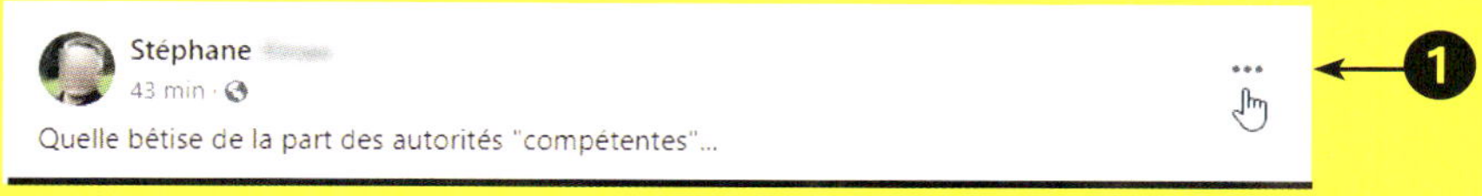
Stéphane
43 min
Quelle bêtise de la part des autorités "compétentes"...
1

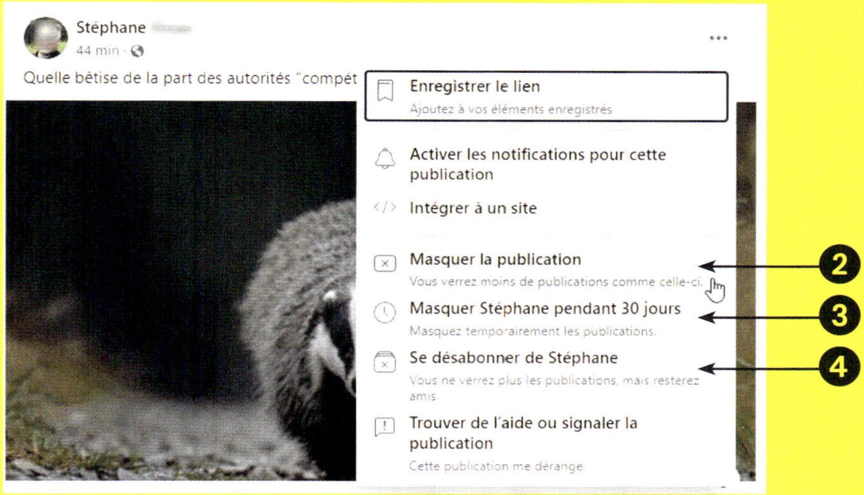
Stéphane
44 min
Quelle bêtise de la part des autorités "compét
Enregistrer le lien
Ajoutez à vos éléments enregistrés
Activer les notifications pour cette publication
Intégrer à un site
Masquer la publication
Vous verrez moins de publications comme celle-ci.
Masquer Stéphane pendant 30 jours
Masquez temporairement les publications.
Se désabonner de Stéphane
Vous ne verrez plus les publications, mais resterez amis.
Trouver de l'aide ou signaler la publication
Cette publication me dérange.
2
3
4

5
Masquage temporaire de Stéphane
Vous ne verrez plus les publications de Stéphane dans votre fil d'actualité pendant 30 jours.
Annuler

5
Désabonné(e) de Stéphane
Vous ne verrez pas les publications de Stéphane dans votre fil d'actualité.
Annuler

ENREGISTRER UN ÉLÉMENT

Vous pouvez enregistrer un élément de votre fil d'actualité pour une consultation ultérieure.

1. Pour enregistrer une publication qui apparaît dans votre fil d'actualité, cliquez sur le bouton ··· .
2. Choisissez l'option **Enregistrer le lien** pour sauvegarder l'élément.
3. Choisissez un dossier d'enregistrement, puis cliquez sur **OK**.

Vous pouvez organiser vos enregistrements en collections. Cliquez sur **Nouvelle collection** au moment de l'enregistrement pour ajouter une rubrique.

4. Pour consulter votre collection d'éléments enregistrés, affichez le menu Facebook.
5. Cliquez sur **Enregistrements**.
6. La liste de vos publications enregistrées s'affiche. Cliquez sur l'une d'elles pour la consulter.

2 MIN

NIVEAU :

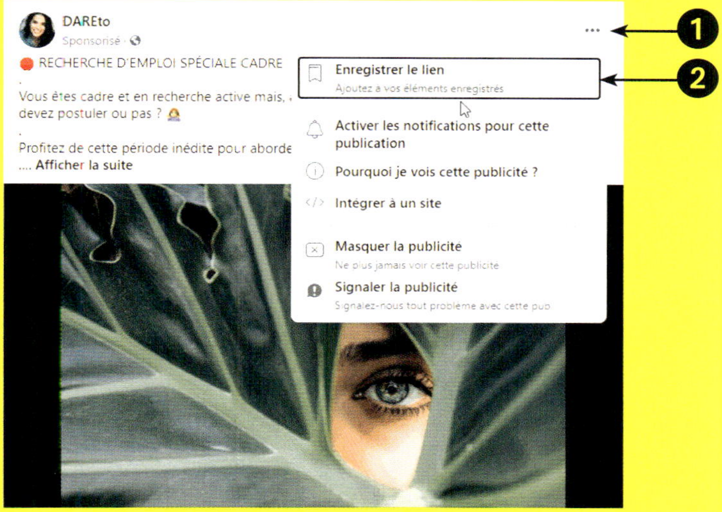
DAREto
Sponsorisé
RECHERCHE D'EMPLOI SPÉCIALE CADRE
Vous êtes cadre et en recherche active mais,
devez postuler ou pas ?
Profitez de cette période inédite pour aborde
.... Afficher la suite
Enregistrer le lien
Ajoutez à vos éléments enregistrés
Activer les notifications pour cette publication
Pourquoi je vois cette publicité ?
Intégrer à un site
Masquer la publicité
Ne plus jamais voir cette publicité
Signaler la publicité
Signalez-nous tout problème avec cette pub
1
2

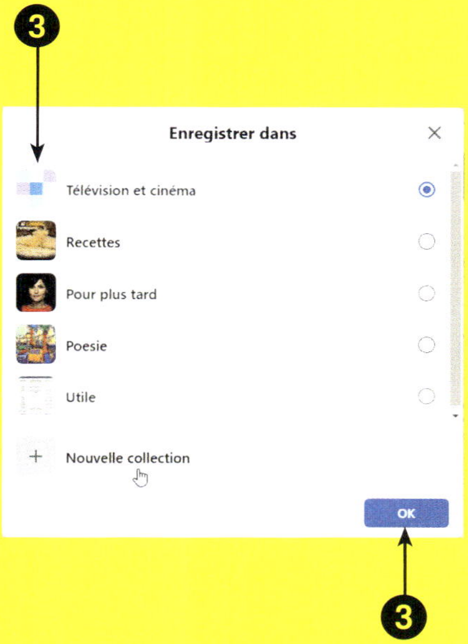
3
Enregistrer dans
Télévision et cinéma
Recettes
Pour plus tard
Poesie
Utile
Nouvelle collection
OK
3

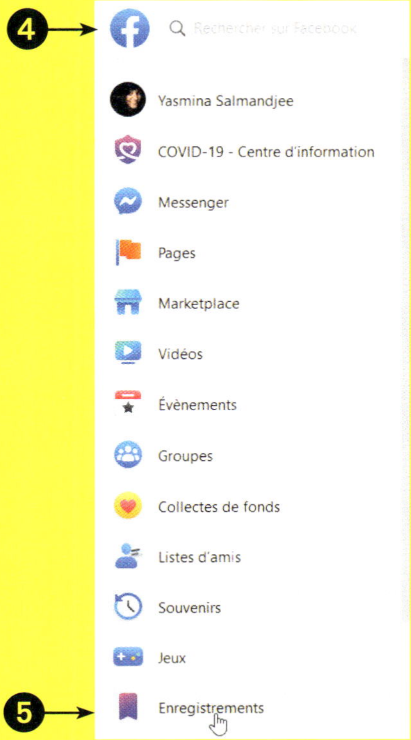
4
Rechercher sur Facebook
Yasmina Salmandjee
COVID-19 - Centre d'information
Messenger
Pages
Marketplace
Vidéos
Évènements
Groupes
Collectes de fonds
Listes d'amis
Souvenirs
Jeux
Enregistrements
5

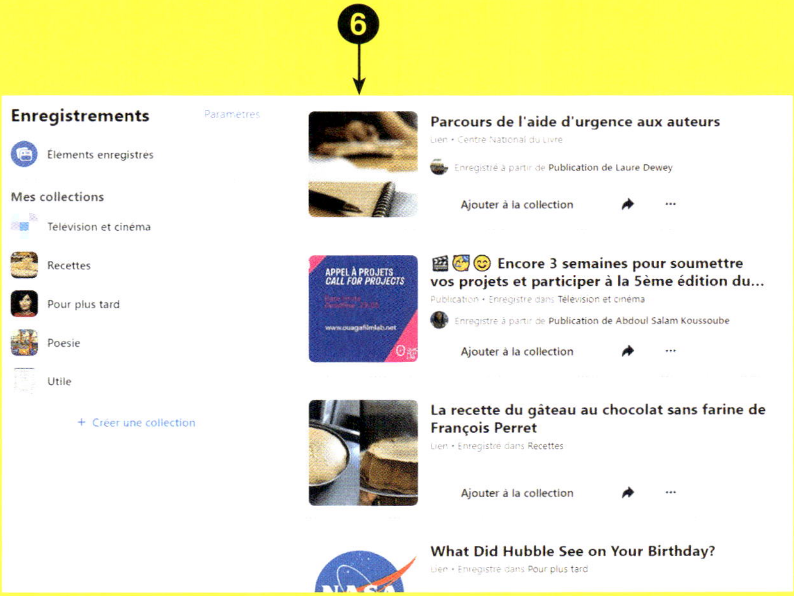
6
Enregistrements
Paramètres
Elements enregistres
Mes collections
Television et cinema
Recettes
Pour plus tard
Poesie
Utile
+ Créer une collection
Parcours de l'aide d'urgence aux auteurs
Lien • Centre National du Livre
Enregistré à partir de Publication de Laure Dewey
Ajouter à la collection
Encore 3 semaines pour soumettre vos projets et participer à la 5ème édition du...
Publication • Enregistré dans Télévision et cinéma
Enregistré à partir de Publication de Abdoul Salam Koussoube
Ajouter à la collection
APPEL À PROJETS
CALL FOR PROJECTS
La recette du gâteau au chocolat sans farine de François Perret
Lien • Enregistré dans Recettes
Ajouter à la collection
What Did Hubble See on Your Birthday?
Lien • Enregistré dans Pour plus tard

IDENTIFIER DES AMIS SUR DES PHOTOS

L'identification de personnes vous permet d'indiquer (on dit aussi « taguer ») des personnes sur toute photo, y compris vous-même. Vous pouvez ainsi également savoir qui se trouve sur les photos des autres.

1. Affichez une photo (vous pouvez aussi identifier des personnes sur les photos de vos albums ou de vos amis).
2. Cliquez sur 🏷.
3. Facebook reconnaît les visages sur la photo et les encadre. Si la reconnaissance faciale fonctionne mal, cliquez sur le visage ou la zone représentant la personne à identifier sur la photo.
4. Identifiez la personne : saisissez les premières lettres de son nom ou cliquez directement sur sa vignette si elle figure dans votre liste d'amis.
5. Recommencez éventuellement pour identifier d'autres personnes. Vous pouvez uniquement identifier vos amis et les amis de vos amis. Vous pouvez aussi ignorer un visage pour ne pas l'identifier.

2 MIN

NIVEAU :

1
2
Identifier la photo

3
Yasmina

V
Vero
Vanessa
4

Vero
Yasmina Smj
5

IDENTIFIER DES AMIS SUR DES PHOTOS (SUITE)

6. Cliquez sur le bouton **Identification terminée**.
7. Remarquez la manière dont les personnes identifiées parmi vos amis sont désormais mentionnées dans votre publication et signalées par un lien cliquable (menant vers leur journal).
8. À tout moment, vous pouvez supprimer une information (si vous en êtes l'auteur ou l'objet) en survolant le nom dans cette zone. Cliquez sur la croix.

Seules les personnes concernées (c'est-à-dire celles qui sont identifiées et celles qui ont procédé à l'identification) peuvent supprimer une identification sur une photo.

2 MIN

NIVEAU :

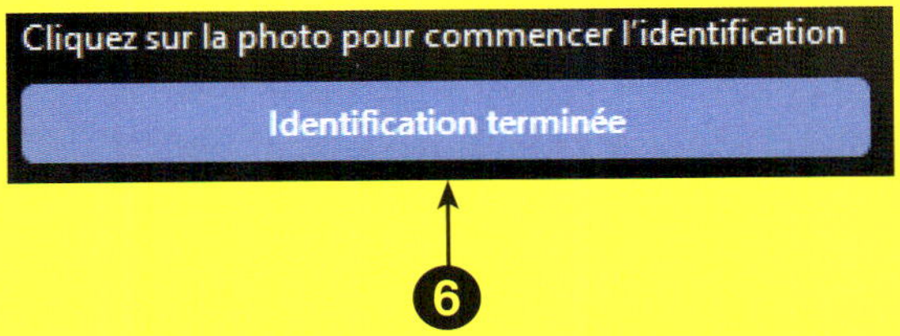
Cliquez sur la photo pour commencer l'identification
Identification terminée
6

Vero
8

ORGANISER LES LISTES D'AMIS

Les listes sont un outil intéressant pour trier vos contacts Facebook. La liste **Amis proches** donnera plus d'importance à leurs publications dans votre fil d'actualité, à l'inverse de la liste **Connaissances**.

1. Pour ajouter un ami dans une liste, affichez le menu **Facebook** puis cliquez sur **Listes d'amis**.
2. Cliquez sur **Connaissances** puis sur **Ajouter des amis à la liste** pour y placer les personnes avec lesquelles vous n'avez pas besoin de rester en contact étroit. Les publications des personnes appartenant à cette liste occupent une place de second plan dans le fil d'actualité.
3. Cliquez sur **Amis proches** et utilisez cette liste pour vos meilleurs amis. Vous verrez ainsi tous leurs messages dans votre fil d'actualité et serez notifié dès lors qu'ils publieront des informations.
4. Utilisez la liste **Restreint** pour les personnes que vous avez ajoutées en tant qu'amis, mais avec lesquelles vous ne souhaitez pas partager certaines informations. Seuls votre contenu public ou les publications sur lesquelles vous identifiez la personne concernée sont accessibles aux membres de cette liste.

La liste **Restreint** est très pratique, car elle permet de limiter ce que quelqu'un peut voir, sans bloquer ou retirer cette personne de votre liste d'amis.

3 MIN

NIVEAU :

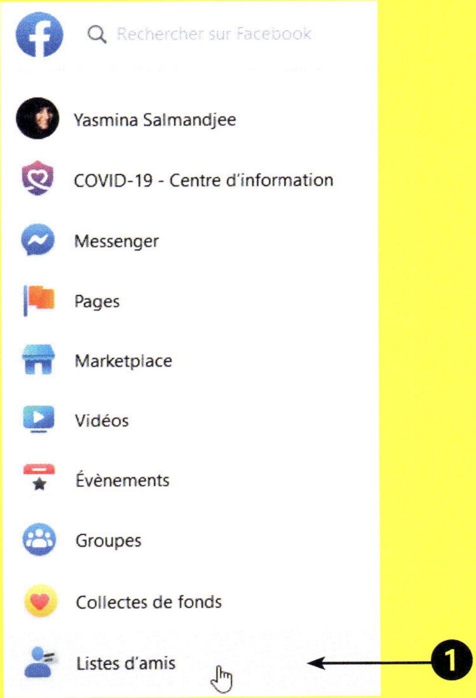

Rechercher sur Facebook
Yasmina Salmandjee
COVID-19 - Centre d'information
Messenger
Pages
Marketplace
Vidéos
Évènements
Groupes
Collectes de fonds
Listes d'amis
1

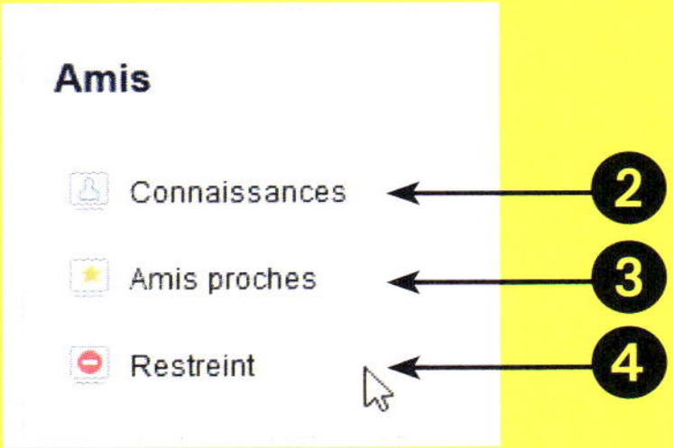

Amis
Connaissances
Amis proches
Restreint
2
3
4

Connaissances
Personnes avec lesquelles vous souhaitez partager moins. En savoir plus
Bienvenue sur Facebook
Commencez par ajouter des amis. Vous verrez leurs vidéos, photos et publications ici.
Ajouter des amis à la liste
2

CRÉER DES LISTES PERSONNALISÉES

Si votre réseau est déjà bien étoffé, n'hésitez pas à créer des listes personnalisées, en plus des listes par défaut, pour classer vos amis par groupes.

1. Cliquez sur **Listes d'amis** dans le menu **Facebook**.
2. Cliquez sur le bouton **Créer une liste**.
3. Donnez un nom à votre liste (« Collègues de l'agence immobilière » ou « Amis du club de natation », par exemple).
4. Indiquez les amis à inclure immédiatement dans la liste (vous pourrez aussi en ajouter d'autres ultérieurement). Saisissez les premières lettres du nom d'un ami puis cliquez sur son nom pour l'ajouter.
5. Cliquez sur le bouton **Créer**.
6. Recommencez pour créer d'autres listes. Une personne peut faire partie de plusieurs listes.
7. Notez que les noms des listes apparaissent désormais dans les paramètres de confidentialité de vos publications : vous pouvez ainsi publier un statut à destination d'une liste, dont la visibilité est réservée à ses membres uniquement.

5 MIN

NIVEAU :

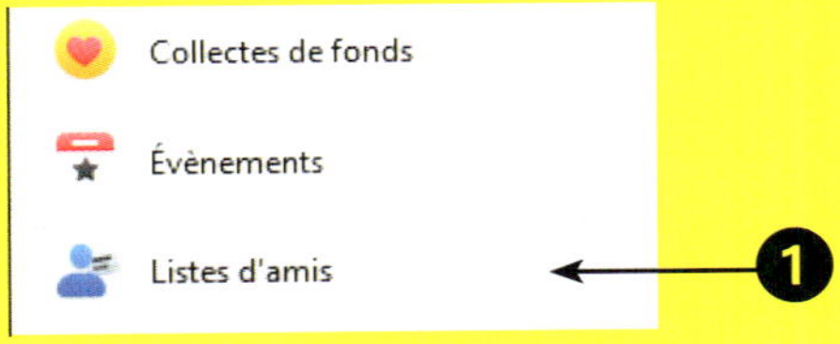
Collectes de fonds
Évènements
Listes d'amis
1

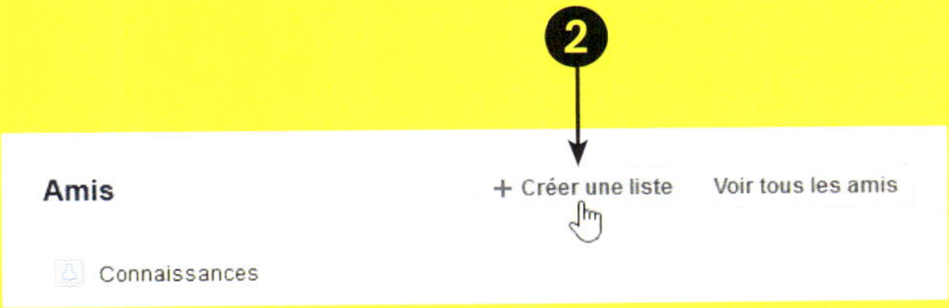
2
Amis
+ Créer une liste
Voir tous les amis
Connaissances

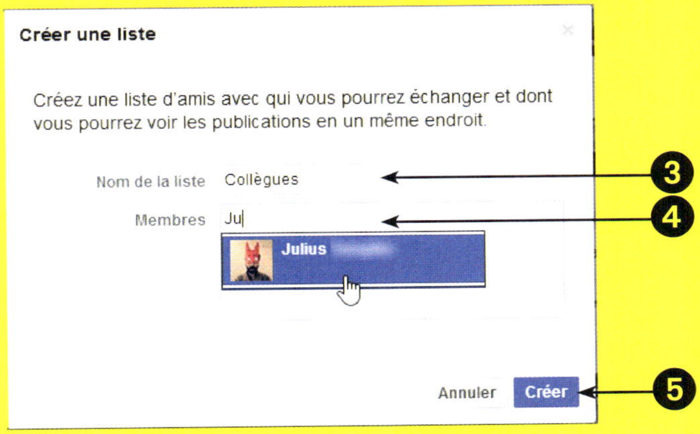
Créer une liste
Créez une liste d'amis avec qui vous pourrez échanger et dont vous pourrez voir les publications en un même endroit.
Nom de la liste
Collègues
3
Membres
Ju
4
Julius
Annuler
Créer
5

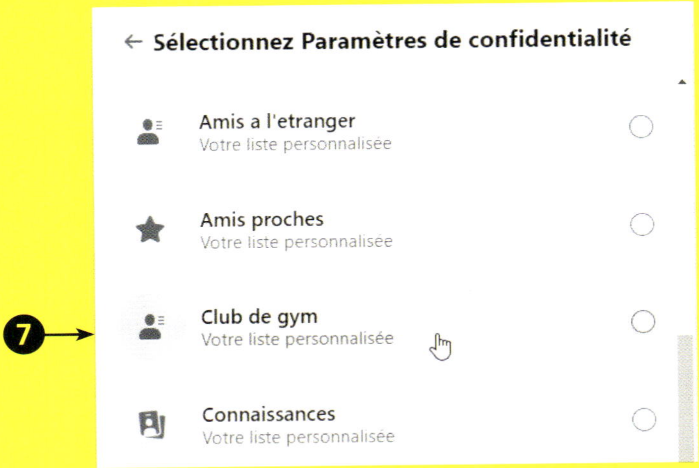
← Sélectionnez Paramètres de confidentialité
Amis a l'etranger
Votre liste personnalisée
Amis proches
Votre liste personnalisée
7
Club de gym
Votre liste personnalisée
Connaissances
Votre liste personnalisée

SUPPRIMER OU BLOQUER UN CONTACT

Vous pouvez à tout moment supprimer un « ami » de votre réseau.

1. Affichez le profil de la personne. Saisissez les premières lettres de son nom dans le champ de recherche, puis cliquez sur son nom. Cliquez sur le nom d'une personne pour afficher son profil.
2. Cliquez sur le bouton .
3. Choisissez l'option **Retirer des amis**.
4. Cliquez sur **Confirmer**. La personne retirée de votre liste d'amis ne fait plus partie de votre réseau et vous ne faites plus partie du sien et n'accédez plus à son journal (sauf les publications publiques).

La personne retirée de votre liste d'amis ne recevra aucune notification après cette suppression, mais pourra néanmoins constater que vous l'avez « éliminée » si elle parcourt sa propre liste d'amis, bien sûr, mais aussi en affichant votre profil, puisqu'elle n'aura plus accès qu'à votre profil public. Si vous regrettez votre geste, il ne vous restera plus qu'à renvoyer une demande d'ajout à la personne concernée.

1 MIN

NIVEAU :

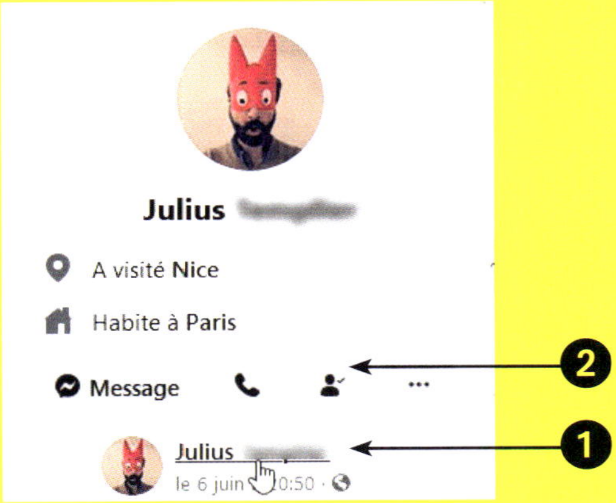
Julius
A visité Nice
Habite à Paris
Message
2
Julius
le 6 juin
1

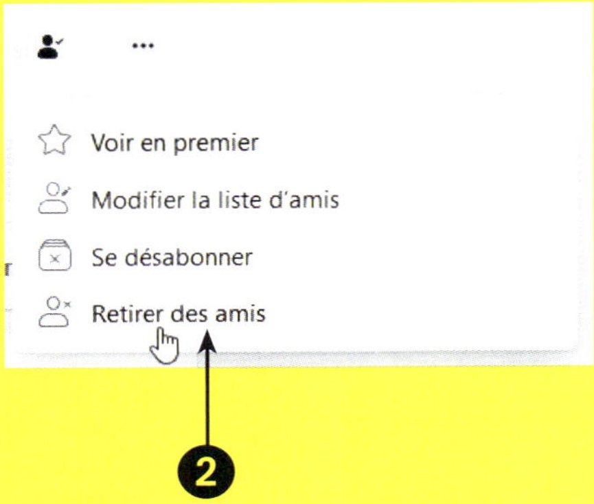
Voir en premier
Modifier la liste d'amis
Se désabonner
Retirer des amis
2

Retirer Julius Templier de votre liste d'amis ?
Souhaitez-vous vraiment supprimer Julius de vos amis ?
Annuler
Confirmer
4

SUPPRIMER OU BLOQUER UN CONTACT (SUITE)

5. Pour aller encore un cran plus loin dans la rupture des liens avec une personne, vous pouvez la bloquer. Cela empêchera la plupart des interactions entre vous et cette personne sur Facebook : vous deviendrez en quelque sorte invisible pour la personne bloquée. Pour bloquer un « ami », affichez son journal puis cliquez sur ··· .
6. Cliquez sur **Bloquer**.
7. Cliquez à nouveau sur **Bloquer**. La personne bloquée ne peut dès lors ni vous retrouver dans les recherches, ni voir votre profil (même le profil public) ou vous envoyer des messages.

1 MIN

NIVEAU :

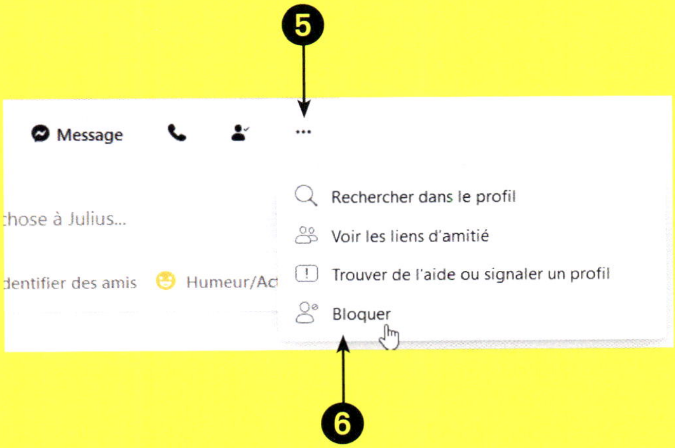
5
Message
...
Rechercher dans le profil
Voir les liens d'amitié
Trouver de l'aide ou signaler un profil
Bloquer
6
:hose à Julius...
dentifier des amis
Humeur/Ac

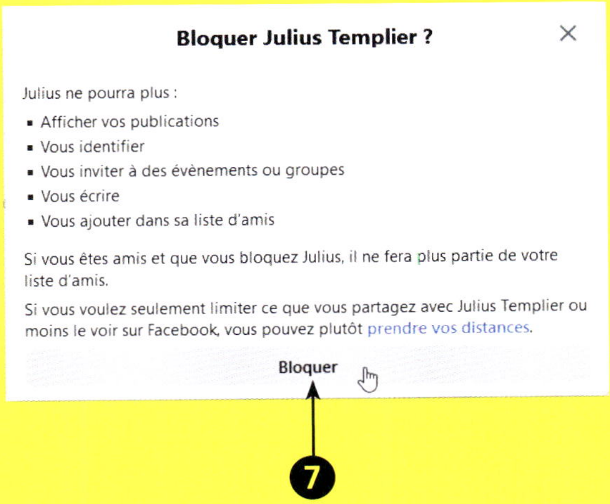
Bloquer Julius Templier ?
Julius ne pourra plus :
Afficher vos publications
Vous identifier
Vous inviter à des évènements ou groupes
Vous écrire
Vous ajouter dans sa liste d'amis
Si vous êtes amis et que vous bloquez Julius, il ne fera plus partie de votre liste d'amis.
Si vous voulez seulement limiter ce que vous partagez avec Julius Templier ou moins le voir sur Facebook, vous pouvez plutôt prendre vos distances.
Bloquer
7

DÉBLOQUER UN CONTACT

Après avoir bloqué une personne, vous pouvez changer d'avis et la débloquer. Notez que si cette personne ne fait pas partie de vos amis, elle n'en fera toujours pas partie après le déblocage, bien entendu. Vous ne serez toutefois plus « invisible » pour elle.

1. Cliquez sur ▾ → **Paramètres et confidentialité**.
2. Cliquez sur **Paramètres**.
3. Cliquez sur la section **Blocage** dans le menu de gauche.
4. Cliquez sur le lien **Débloquer** en regard du nom de la personne concernée dans la liste des personnes bloquées.

La personne sera retirée de votre « liste noire » et ne pourra pas être bloquée de nouveau dans les 48 heures qui suivront cette opération.

5. Cliquez sur **Confirmer**.

1 MIN

NIVEAU :

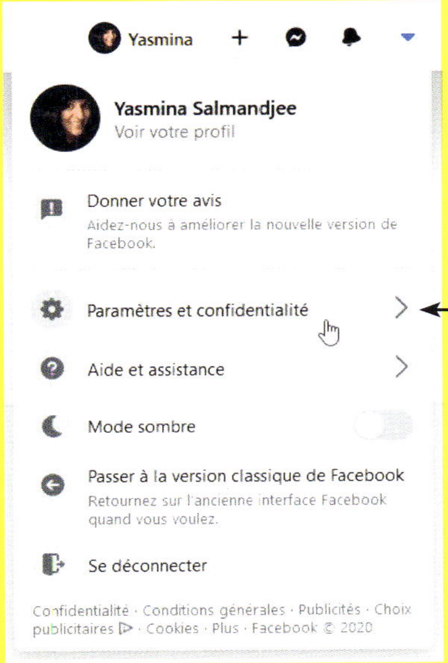
Yasmina
Yasmina Salmandjee
Voir votre profil
Donner votre avis
Aidez-nous à améliorer la nouvelle version de Facebook.
Paramètres et confidentialité
Aide et assistance
Mode sombre
Passer à la version classique de Facebook
Retournez sur l'ancienne interface Facebook quand vous voulez.
Se déconnecter
Confidentialité · Conditions générales · Publicités · Choix publicitaires · Cookies · Plus · Facebook © 2020
1

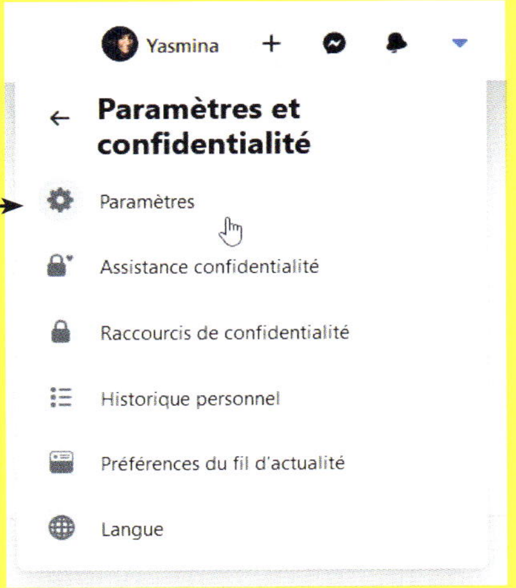
Yasmina
Paramètres et confidentialité
Paramètres
Assistance confidentialité
Raccourcis de confidentialité
Historique personnel
Préférences du fil d'actualité
Langue
2

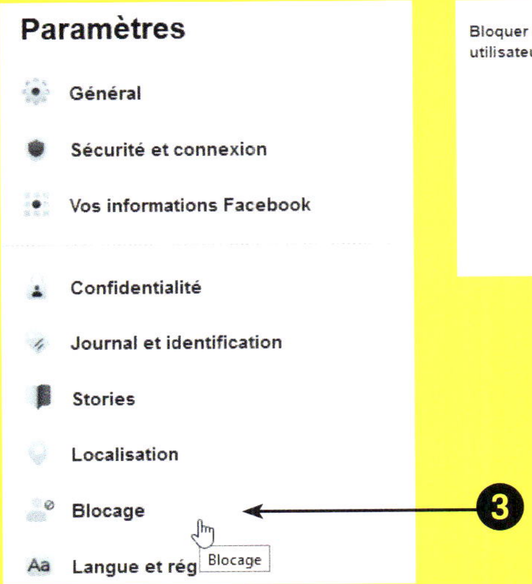
Paramètres
Général
Sécurité et connexion
Vos informations Facebook
Confidentialité
Journal et identification
Stories
Localisation
Blocage
Langue et rég
Blocage
3

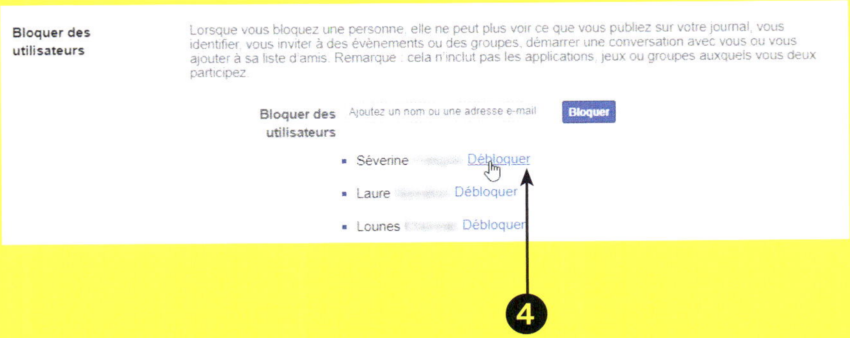
Bloquer des utilisateurs
Lorsque vous bloquez une personne, elle ne peut plus voir ce que vous publiez sur votre journal, vous identifier, vous inviter à des évènements ou des groupes, démarrer une conversation avec vous ou vous ajouter à sa liste d'amis. Remarque : cela n'inclut pas les applications, jeux ou groupes auxquels vous deux participez.
Bloquer des utilisateurs
Ajoutez un nom ou une adresse e-mail
Bloquer
Séverine
Débloquer
Laure
Débloquer
Lounes
Débloquer
4

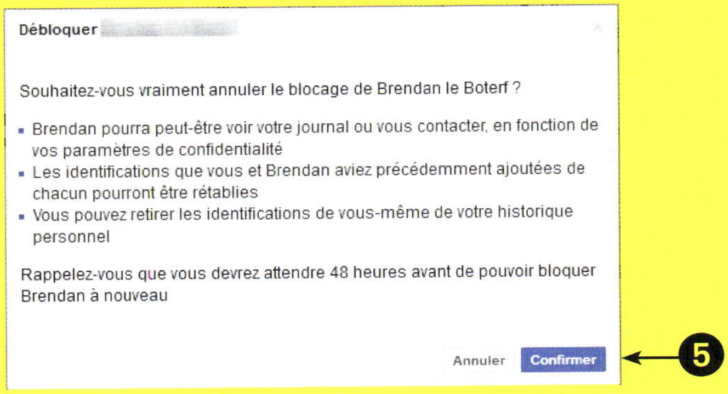
Débloquer
Souhaitez-vous vraiment annuler le blocage de Brendan le Boterf ?
Brendan pourra peut-être voir votre journal ou vous contacter, en fonction de vos paramètres de confidentialité
Les identifications que vous et Brendan aviez précédemment ajoutées de chacun pourront être rétablies
Vous pouvez retirer les identifications de vous-même de votre historique personnel
Rappelez-vous que vous devrez attendre 48 heures avant de pouvoir bloquer Brendan à nouveau
Annuler
Confirmer
5

S'ABONNER AUX PUBLICATIONS D'UNE PERSONNE

Le concept de l'abonnement permet de suivre les mises à jour publiques des personnes avec lesquelles vous n'êtes pas ami. Ceci concerne, par exemple, les personnalités publiques et les célébrités.

1. Pour suivre les publications d'une personne dont vous n'êtes pas l'ami sur Facebook, rendez-vous dans son journal : effectuez par exemple une recherche parmi les membres de Facebook ou au sein des amis de vos amis.

Les « faux profils » Facebook sont nombreux. Une personnalité publique ayant fait authentifier son compte auprès de Facebook affiche une icône ✔ après son nom.

2. Cliquez sur le bouton **S'abonner**.
3. Toutes les publications publiques de cette personne s'afficheront désormais dans votre fil d'actualité.

1 MIN

NIVEAU :

Facebook a confirmé qu'il s'agit du profil authentique de cette personnalité publique.
Mark Zuckerberg
Bringing the world closer together.

Mark Zuckerberg
Bringing the world closer together.
Photos
Vidéos
Lieux
Plus
S'abonner

CHAPITRE 6

DÉCOUVRIR LES ACTIVITÉS SUR FACEBOOK

Explorer les pages, participer à des groupes ou des évènements, jouer, faire des achats ou vendre, regarder des vidéos : voici quelques exemples d'activités à découvrir sur Facebook. Facebook permet aussi, dans un contexte de crise ou de catastrophe, d'indiquer à vos amis que vous êtes en sécurité.

- S'abonner à une page Facebook
- Rejoindre un groupe Facebook
- Participer à un groupe
- Gérer les évènements
- Jouer sur Facebook
- Acheter et vendre sur Facebook
- Regarder des vidéos
- Utiliser les services de crise

S'ABONNER À UNE PAGE FACEBOOK

Les pages Facebook sont en quelque sorte des profils réservés à des entités professionnelles : entreprises, marques, personnalités publiques, par exemple. Elles permettent de suivre l'actualité de ces entités. Devenir fan d'une page a une signification et une conséquence doubles : non seulement vous indiquez « aimer » la marque, la personnalité ou le produit concerné, mais de plus, vous verrez dès lors les publications émises par cette page dans votre fil d'actualité.

1. Pour rechercher spécifiquement une page, cliquez sur 🔍 puis saisissez un nom d'entreprise ou de marque. Cliquez sur l'une des suggestions.
2. Si la page recherchée n'apparaît pas, cliquez sur **Rechercher** pour afficher la liste complète des résultats.
3. Localisez la page dans la liste des résultats. Vous pouvez cliquer sur son titre pour afficher la page ou directement sur le bouton 👍.
4. Dans la page qui s'affiche, cliquez sur **J'aime** pour devenir fan.

Vous bénéficierez aussi de nombreuses autres façons de découvrir d'autres pages, en consultant Facebook : une notification dans votre fil d'actualité ou des publications sponsorisées (c'est-à-dire de la publicité), par exemple.

5. Il est aussi possible d'être invité à aimer une page. Si l'un de vos amis le fait, vous recevrez une notification. Cliquez sur celle-ci pour aimer la page ou en savoir plus.

1 MIN

NIVEAU :

1
Ajouter à votre story
Partager une photo ou un texte dans votre story
Que voulez-vous dire, Yasmina ?
Vidéo en direct
Photo/Vidéo
Humeur/Activité

1
Editions First
editions first
Rechercher editions first
2

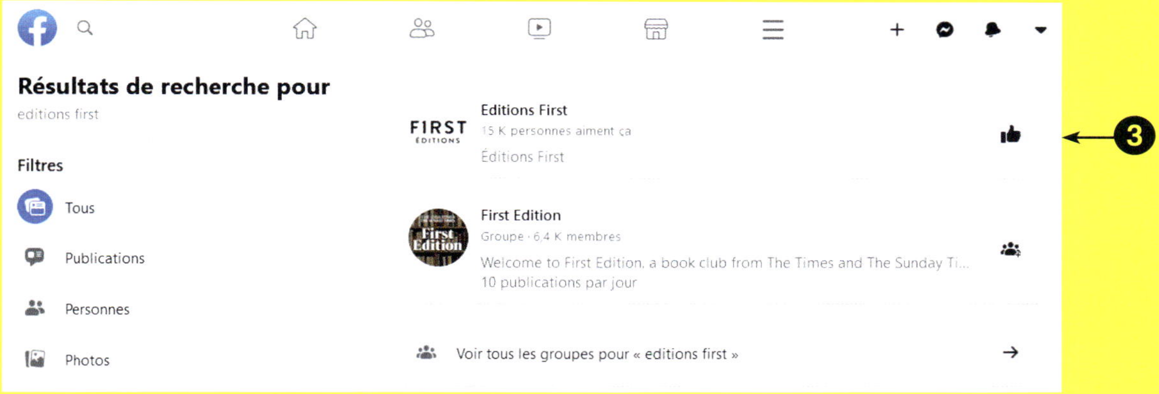
Résultats de recherche pour
editions first
Filtres
Tous
Publications
Personnes
Photos
FIRST ÉDITIONS
Editions First
15 K personnes aiment ça
Éditions First
First Edition
Groupe · 6,4 K membres
Welcome to First Edition, a book club from The Times and The Sunday Ti...
10 publications par jour
Voir tous les groupes pour « editions first »
3

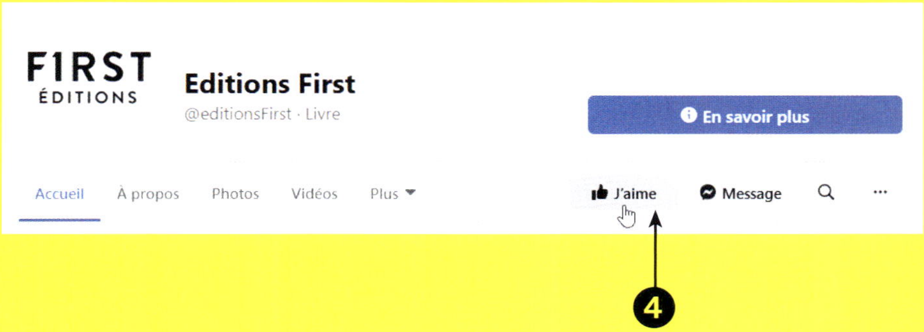
FIRST ÉDITIONS
Editions First
@editionsFirst · Livre
En savoir plus
Accueil
À propos
Photos
Vidéos
Plus
J'aime
Message
4

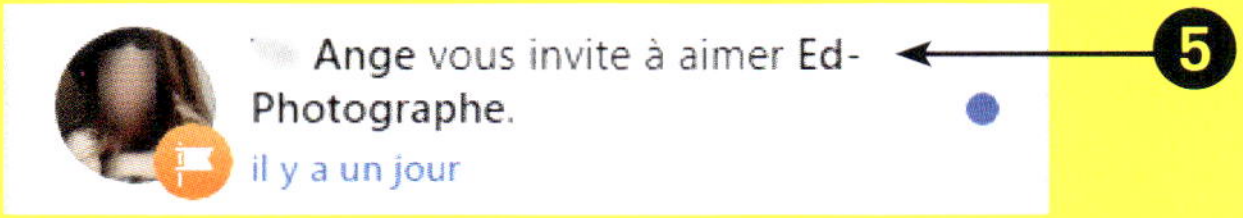
Ange vous invite à aimer Ed-Photographe.
il y a un jour
5

REJOINDRE UN GROUPE FACEBOOK

Les groupes sont tout simplement des rassemblements de personnes autour d'un sujet ou d'un thème (personnes n'ayant peut-être d'ailleurs rien d'autre en commun). Certains groupes sont ouverts à tous sur simple adhésion ; d'autres sont accessibles sur demande, soumise à l'approbation du responsable.

1. Cliquez sur puis saisissez le nom du groupe dans la zone de recherche. Cliquez sur **Groupes** dans la liste à gauche.

2. Pour voir la page Facebook dédiée à un groupe, cliquez sur son nom. Vous verrez la description du groupe (onglet **À propos**). Comme une personne, un groupe dispose d'un journal dans lequel des informations peuvent être publiées.

3. Les groupes publics sont ouverts à tous sur simple adhésion : cliquez sur **Rejoindre**. Vous serez immédiatement membre du groupe. Pour les groupes privés, accessibles sur demande, vous serez membre du groupe après acceptation de la part de son responsable. Certains administrateurs exigent que leurs futurs membres répondent à des questions au préalable.

1 MIN

NIVEAU :

1

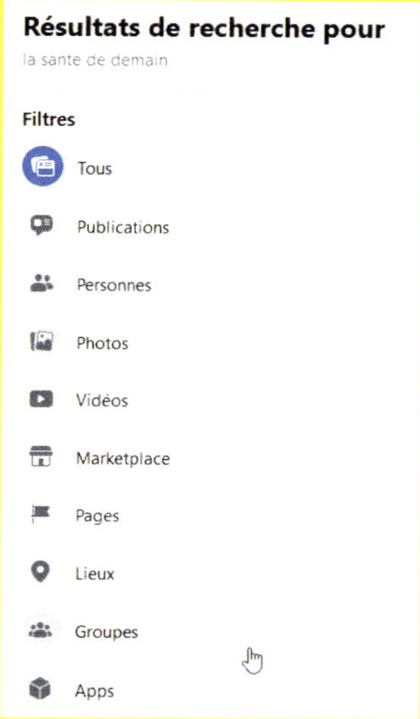

1

2

3

3

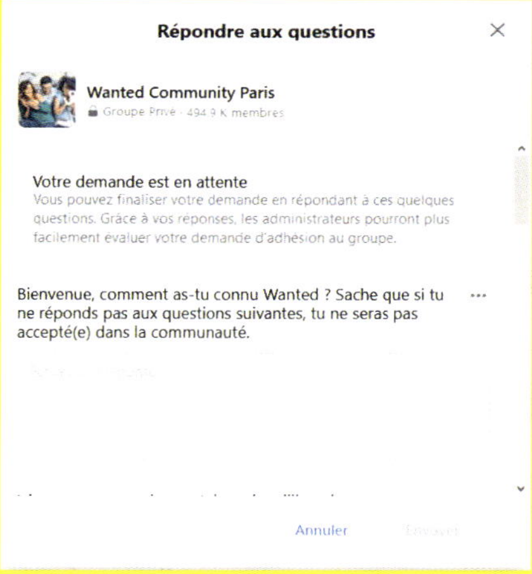

PARTICIPER À UN GROUPE

1. Cliquez sur **Groupes** dans la barre latérale de Facebook, puis sur **Vos groupes** et, enfin, sur le nom du groupe.
2. La page d'accueil du groupe s'affiche. Vous pouvez consulter les dernières publications.
3. Lorsque vous êtes membre d'un groupe, son journal devient alors accessible et vous pouvez y publier du contenu, exactement comme dans le journal d'un ami. Il s'agit ici d'une publication exclusivement destinée aux membres du groupe. Cliquez dans la zone **Que voulez-vous dire ?** et saisissez votre publication.
4. Par défaut, seules les mises à jour publiées par vos amis dans le groupe ou un résumé des publications font l'objet d'une notification. Vous pouvez faire en sorte d'être notifié de toutes les publications du groupe : cliquez sur le bouton ··· dans la page du groupe, puis sur **Gérer les notifications**. Attention, néanmoins, car certains groupes sont très actifs et les messages peuvent devenir envahissants.
5. Pour quitter définitivement un groupe, cliquez sur **Quitter le groupe**.

3 MIN

NIVEAU :

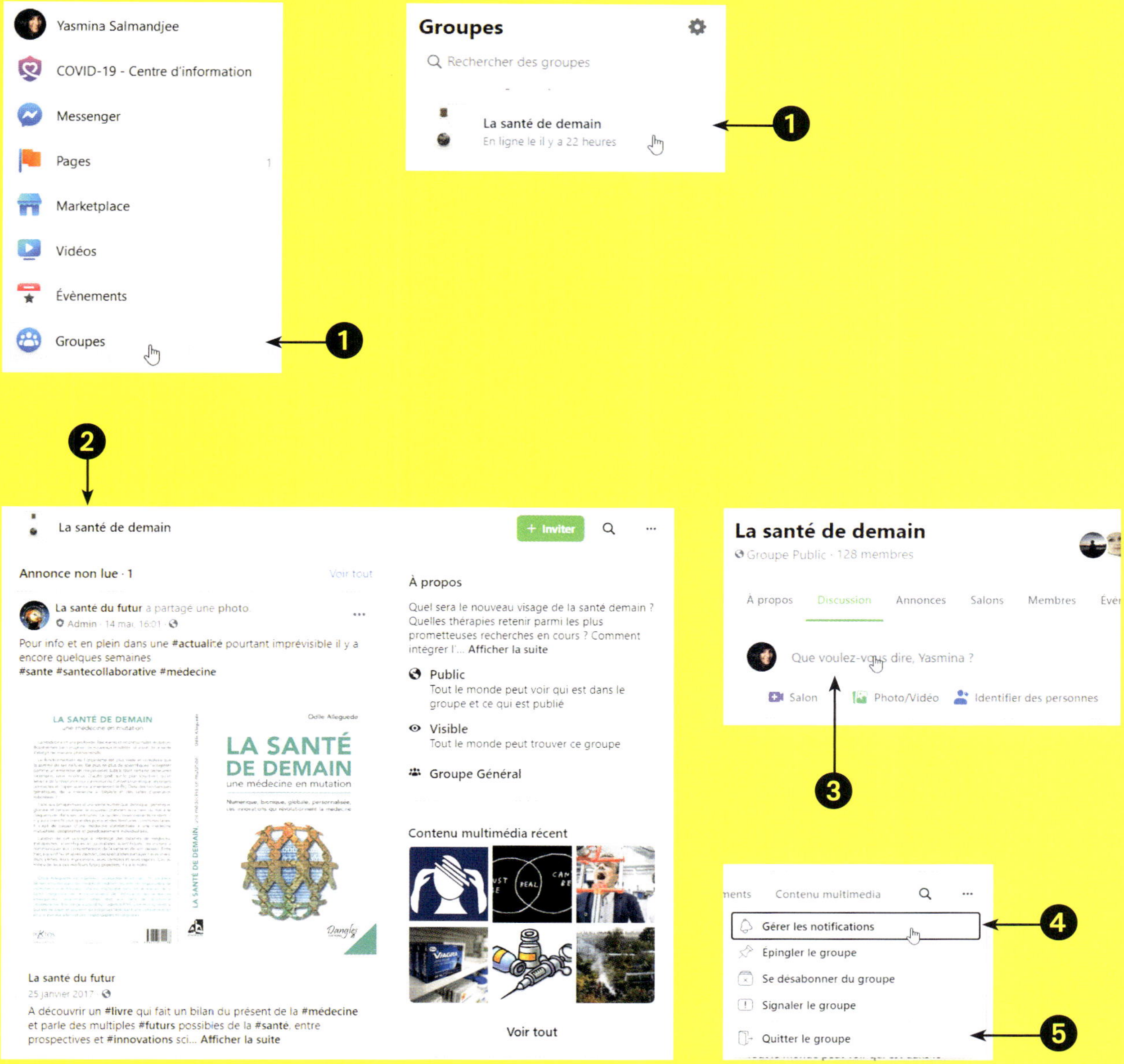
Yasmina Salmandjee
COVID-19 - Centre d'information
Messenger
Pages
Marketplace
Vidéos
Évènements
Groupes
1
Groupes
Rechercher des groupes
La santé de demain
En ligne le il y a 22 heures
1
2
La santé de demain
+ Inviter
Annonce non lue · 1
Voir tout
La santé du futur a partagé une photo
Admin · 14 mai, 16:01
Pour info et en plein dans une #actualité pourtant imprévisible il y a encore quelques semaines
#sante #santecollaborative #médecine
LA SANTÉ DE DEMAIN
une médecine en mutation
La santé du futur
25 janvier 2017
A découvrir un #livre qui fait un bilan du présent de la #médecine et parle des multiples #futurs possibles de la #santé, entre prospectives et #innovations sci... Afficher la suite
À propos
Quel sera le nouveau visage de la santé demain ? Quelles thérapies retenir parmi les plus prometteuses recherches en cours ? Comment intégrer l'... Afficher la suite
Public
Tout le monde peut voir qui est dans le groupe et ce qui est publié
Visible
Tout le monde peut trouver ce groupe
Groupe Général
Contenu multimédia récent
Voir tout
La santé de demain
Groupe Public · 128 membres
À propos
Discussion
Annonces
Salons
Membres
Que voulez-vous dire, Yasmina ?
Salon
Photo/Vidéo
Identifier des personnes
3
Contenu multimédia
Gérer les notifications
Épingler le groupe
Se désabonner du groupe
Signaler le groupe
Quitter le groupe
4
5

GÉRER LES ÉVÈNEMENTS

Les évènements Facebook sont un moyen de rassembler des personnes autour d'un… évènement, comme leur nom l'indique ! Il existe des évènements publics ou privés.

1. Pour trouver un évènement susceptible de vous intéresser, cliquez sur **Évènements** dans votre menu Facebook.
2. Facebook vous suggère des évènements publics en fonction des pages que vous aimez ou de l'activité de vos amis, même si vous n'y avez pas été personnellement invité.
3. Si vous n'êtes pas encore certain de participer mais êtes intéressé par l'évènement, cliquez sur **Ça m'intéresse.** L'organisateur saura que vous avez bien reçu l'invitation, et vos amis que vous êtes intéressé par l'évènement, et vous recevrez les mises à jour le concernant. Vous pouvez aussi cliquer sur **Je participe** ou **Je ne participe pas**.
4. Lorsque vous êtes invité à un évènement, une notification s'affiche dans votre page Facebook ainsi que dans la section **Évènements**. Vous pouvez voir toutes les informations le concernant, si c'est un évènement privé ou public, et la liste des invités, ainsi que les réponses déjà enregistrées. Pour répondre à l'invitation, cliquez simplement sur **Ça m'intéresse**, **Je participe** ou **Je ne participe pas**. Vous pouvez aussi écrire dans le journal de la page consacrée à l'évènement *via* l'onglet **Discussion**.

1 MIN

NIVEAU :

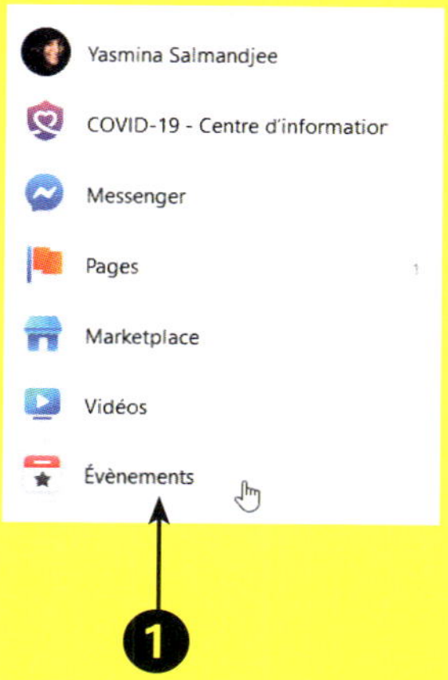
Yasmina Salmandjee
COVID-19 - Centre d'informatior
Messenger
Pages
Marketplace
Vidéos
Évènements
1

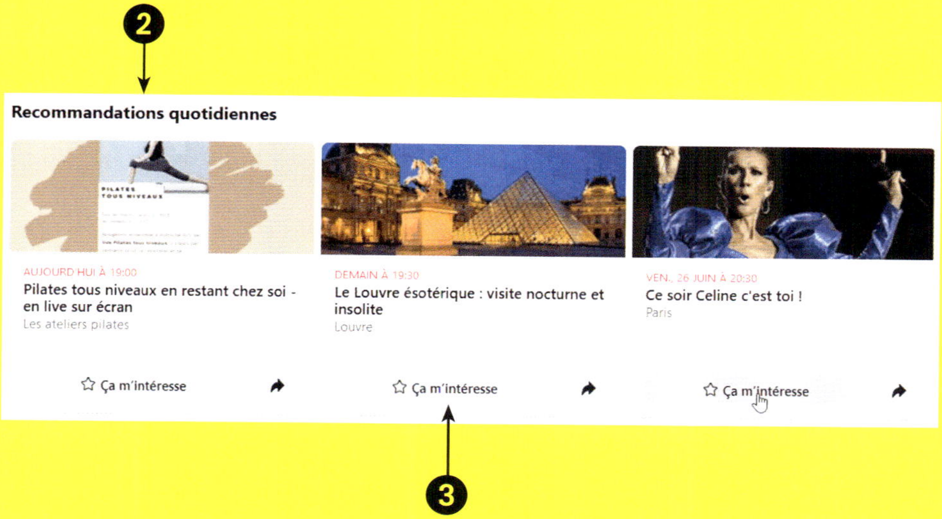
2
Recommandations quotidiennes
AUJOURD'HUI À 19:00
Pilates tous niveaux en restant chez soi - en live sur écran
Les ateliers pilates
DEMAIN À 19:30
Le Louvre ésotérique : visite nocturne et insolite
Louvre
VEN., 26 JUIN À 20:30
Ce soir Celine c'est toi !
Paris
Ça m'intéresse
Ça m'intéresse
Ça m'intéresse
3

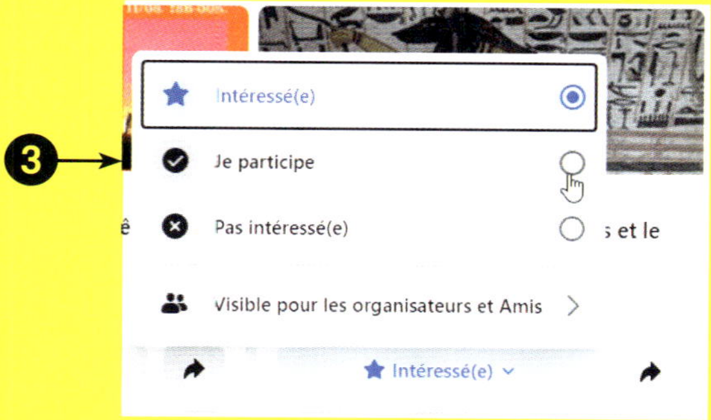
3
Intéressé(e)
Je participe
Pas intéressé(e)
Visible pour les organisateurs et Amis
Intéressé(e)

4
Vos évènements à venir
Voir tout
SAM 5 SEP · 20:00
Conférence Pour Sortir De La Friendzone
Camille et 10 amis
DIM 13 SEP · 10:00
L'ancrage et la fluidité au Vinyasa Yoga
Fernanda
DIM 18 OCT · 21:00
Semaine de yoga au Brésil

4
13
DIMANCHE 13 SEPTEMBRE 2020 DE 10:00 À 13:00
L'ancrage et la fluidité au Vinyasa Yoga
Fernanda Vasques vous a invité(e)
Ça m'intéresse
Je participe
À propos
Discussion
Inviter
Détails
13 personnes ont répondu
Dimanche 13 septembre 2020 de 10:00 à 13:00
Public · Organisé par YOGA LIFE
Participer avec des amis
Voir tout
2
PARTICIPE
11
INTÉRESSÉS
Fernanda
vous a invitée

JOUER SUR FACEBOOK

Les jeux sont des petits modules Facebook qui permettent de participer à toutes sortes de choses amusantes, en particulier des jeux dits « sociaux », des quiz ou des concours, des manipulations ludiques sur vos photos.

1. Cliquez sur **Jeux** dans votre menu Facebook.

Vous pouvez également cliquer sur [icône] dans la barre d'outils de navigation, puis sur **Jouer à des jeux** dans la barre latérale de gauche.

Vous découvrirez aussi des jeux par le biais de vos amis. Une notification apparaît dans le fil d'actualité lorsque l'un de vos amis utilise une application ou partage le score réalisé à un jeu, par exemple. Cliquez sur le nom de l'application pour en savoir plus.

2. Parcourez les suggestions ou les catégories de jeux. Lorsqu'un jeu vous intéresse, cliquez sur **Jouer**.
3. Cliquez sur **Jouer**.

1 MIN

NIVEAU :

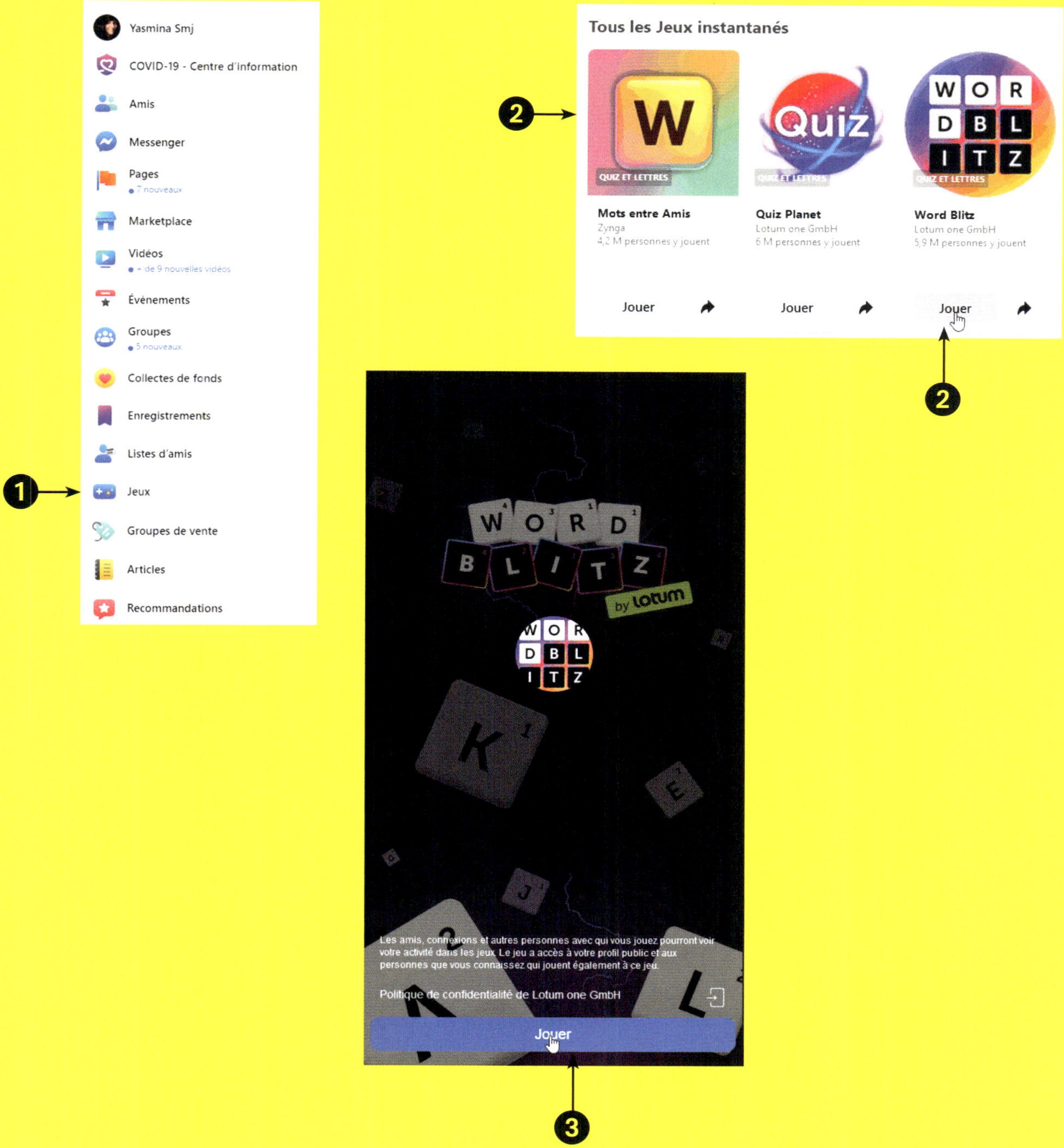

Yasmina Smj
COVID-19 - Centre d'information
Amis
Messenger
Pages
• 7 nouveaux
Marketplace
Vidéos
• + de 9 nouvelles vidéos
Évènements
Groupes
• 5 nouveaux
Collectes de fonds
Enregistrements
Listes d'amis
Jeux
Groupes de vente
Articles
Recommandations
1
2
Tous les Jeux instantanés
QUIZ ET LETTRES
Mots entre Amis
Zynga
4,2 M personnes y jouent
Quiz Planet
Lotum one GmbH
6 M personnes y jouent
Word Blitz
Lotum one GmbH
5,9 M personnes y jouent
Jouer
Jouer
Jouer
2
WORD BLITZ
by lotum
Les amis, connexions et autres personnes avec qui vous jouez pourront voir votre activité dans les jeux. Le jeu a accès à votre profil public et aux personnes que vous connaissez qui jouent également à ce jeu.
Politique de confidentialité de Lotum one GmbH
Jouer
3

ACHETER ET VENDRE

Facebook Marketplace est un service récemment lancé par Facebook afin de permettre à ses membres de vendre et d'acheter des articles au sein de leur communauté. Il s'agit d'une place de marché de mise en relation, par un système d'annonces gratuites, à la manière de sites comme Le bon coin. On y trouve de tout !

1. Cliquez sur .
2. Le menu latéral de Facebook Marketplace permet de parcourir les articles par catégories et de filtrer les annonces par lieux ou prix. La sélection de départ est personnalisée selon vos centres d'intérêt et recherches précédentes, et présente aussi les nouvelles annonces de votre réseau.
3. Utilisez le champ de recherche en haut d'écran pour trouver un article spécifique. Recherchez un article en saisissant un mot-clé, une marque ou un modèle précis. Vous pouvez ensuite affiner la recherche en indiquant une fourchette de prix, une localisation ou une distance par rapport à votre emplacement, et trier les résultats par prix, distances ou dates de mise en vente.
4. Un article vous intéresse ? Cliquez sur sa photo pour voir les détails de l'annonce et entrer en contact avec le vendeur *via* Facebook Messenger.
5. Pour vendre des articles, cliquez sur **Créer une annonce** dans le menu latéral de Facebook Marketplace. Indiquez une catégorie d'articles, un titre, un prix de vente et une localisation, une description, et ajoutez des photos. Vous pouvez alors choisir de publier l'annonce sur Facebook Marketplace, ainsi que dans des groupes dont vous êtes membre afin d'augmenter la visibilité de votre article.

5 MIN

NIVEAU :

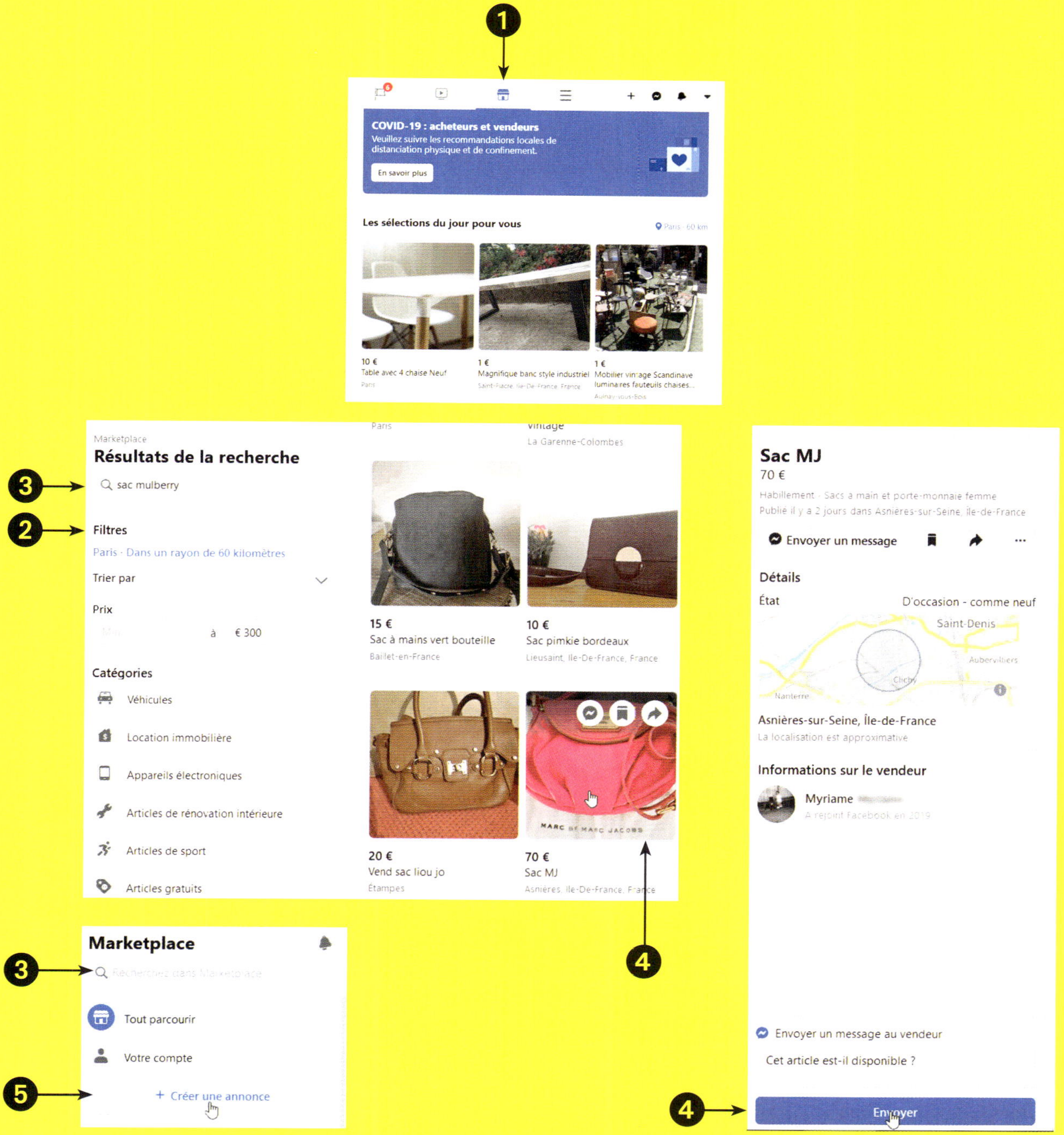
1
COVID-19 : acheteurs et vendeurs
Veuillez suivre les recommandations locales de distanciation physique et de confinement.
En savoir plus
Les sélections du jour pour vous
Paris · 60 km
10 €
Table avec 4 chaise Neuf
1 €
Magnifique banc style industriel
1 €
Mobilier vintage Scandinave luminaires fauteuils chaises...
Marketplace
Résultats de la recherche
3
sac mulberry
2
Filtres
Paris · Dans un rayon de 60 kilomètres
Trier par
Prix
à € 300
Catégories
Véhicules
Location immobilière
Appareils électroniques
Articles de rénovation intérieure
Articles de sport
Articles gratuits
La Garenne-Colombes
15 €
Sac à mains vert bouteille
Bailet-en-France
10 €
Sac pimkie bordeaux
Lieusaint, Ile-De-France, France
20 €
Vend sac liou jo
Étampes
70 €
Sac MJ
Asnières, Ile-De-France, France
4
Sac MJ
70 €
Habillement · Sacs à main et porte-monnaie femme
Publié il y a 2 jours dans Asnières-sur-Seine, Île-de-France
Envoyer un message
Détails
État
D'occasion - comme neuf
Saint-Denis
Asnières-sur-Seine, Île-de-France
La localisation est approximative
Informations sur le vendeur
Myriame
Envoyer un message au vendeur
Cet article est-il disponible ?
4
Envoyer
Marketplace
3
Tout parcourir
Votre compte
5
+ Créer une annonce

REGARDER DES VIDÉOS

Facebook Watch est un service Facebook donnant accès à des vidéos en tous genres, à la manière de YouTube. La plateforme offre la possibilité de visionner des milliers de vidéos à la demande, depuis Facebook et sa version mobile, qu'il s'agisse de musique, de télévision ou encore de petits films créés spécialement pour ce support.

1. Cliquez sur ▶.
2. Une sélection personnalisée de vidéos s'affiche, en fonction de vos centres d'intérêt ou de l'actualité du moment.
3. Par défaut, la première vidéo se lance, sans le son : cliquez sur 🔈 pour ajuster le volume. Cliquez sur ◩ pour afficher la vidéo en plein écran. Comme avec n'importe quelle publication Facebook, vous pouvez réagir, commenter ou partager une vidéo.
4. À la fin d'une vidéo, une autre se lance automatiquement. Cliquez sur ··· pour ajouter la vidéo à votre sélection de vidéos enregistrées et la visionner plus tard si vous le souhaitez.
5. Vous pouvez accéder à vos enregistrements à tout moment en cliquant sur **Vidéos enregistrées** dans le menu latéral de Facebook Watch. Les pages ou personnalités publiant des vidéos susceptibles de vous intéresser sont aussi facilement accessibles ici.

5 MIN

NIVEAU :

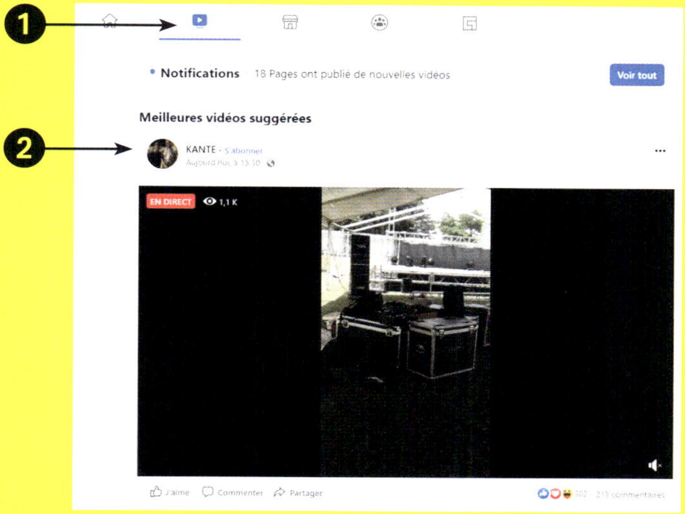
1
2
Notifications
18 Pages ont publié de nouvelles videos
Voir tout
Meilleures vidéos suggérées
KANTE
EN DIRECT
1,1 K
J'aime
Commenter
Partager

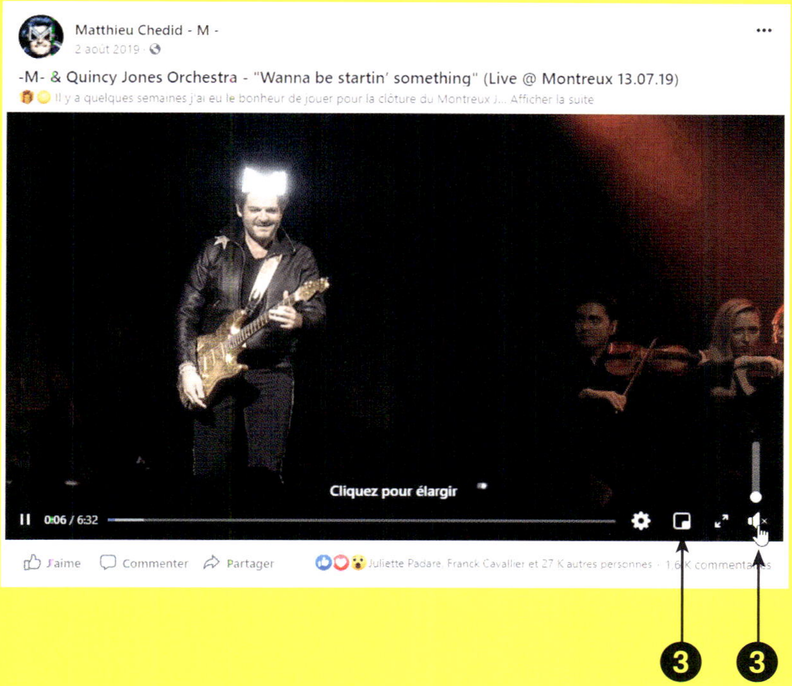
Matthieu Chedid - M -
2 août 2019
-M- & Quincy Jones Orchestra - "Wanna be startin' something" (Live @ Montreux 13.07.19)
Il y a quelques semaines j'ai eu le bonheur de jouer pour la clôture du Montreux J... Afficher la suite
Cliquez pour élargir
0:06 / 6:32
J'aime
Commenter
Partager
Juliette Padare, Franck Cavallier et 27 K autres personnes
3
3

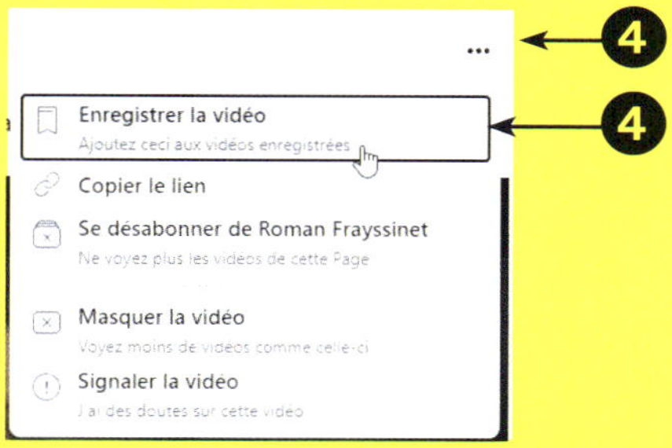
4
4
Enregistrer la vidéo
Ajoutez ceci aux vidéos enregistrées
Copier le lien
Se désabonner de Roman Frayssinet
Ne voyez plus les vidéos de cette Page
Masquer la vidéo
Voyez moins de vidéos comme celle-ci
Signaler la vidéo
J'ai des doutes sur cette vidéo

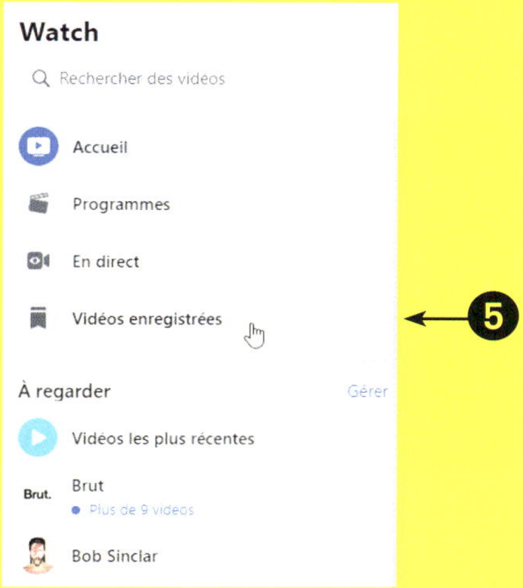
Watch
Rechercher des vidéos
Accueil
Programmes
En direct
Vidéos enregistrées
5
À regarder
Gérer
Vidéos les plus récentes
Brut.
Brut
Plus de 9 vidéos
Bob Sinclar

UTILISER LES SERVICES DE CRISE

Les « services de crise » sont des outils offerts par Facebook à ses membres en cas de catastrophe naturelle ou humaine. Lorsqu'un danger touchant la population déclenche une alerte de la part d'une agence mondiale de signalement de crise, Facebook active plusieurs services : **Safety Check** pour signaler être en sécurité, ou **Mesure d'urgence**, pour proposer de l'aide.

1. *Via* les informations de géolocalisation de votre smartphone ou celles fournies dans votre profil, ainsi que les données de votre connexion Internet, l'algorithme de Facebook peut déterminer que vous vous situez dans une zone d'incident et vous inviter à indiquer que vous êtes en sécurité à l'aide de l'outil Safety Check. Une publication sera ajoutée à votre journal. Si vous ne vous trouvez pas dans la zone touchée ou si vous ne souhaitez pas partager votre statut, cliquez sur **Non**.

2. Lorsque certains de vos amis Facebook se trouvent dans une zone touchée par une catastrophe, une notification vous informe s'ils indiquent être en sécurité. Cliquez dessus pour afficher des informations spécifiques à la crise.

3. Dans cette même page, vous pourrez obtenir ou apporter de l'aide, ou faire un don grâce au service **Mesure d'urgence** : cliquez sur **Trouver de l'aide** pour afficher une liste de publications proposant de l'aide et contactez leur auteur, ou publiez une demande spécifique si aucune aide ne correspond à ce que vous recherchez.

3 MIN

NIVEAU :

1

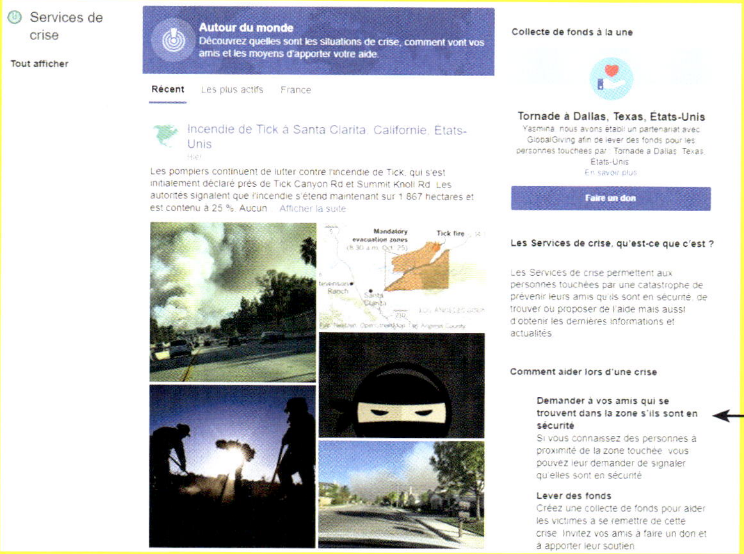

2

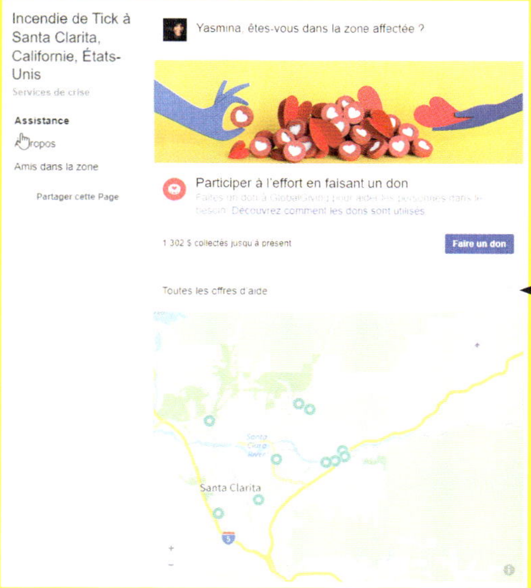

3

CHAPITRE 7

LA MESSAGERIE FACEBOOK

La messagerie instantanée Facebook permet aux membres de communiquer entre eux, par messages écrits, mais aussi par appels audio ou vidéo. C'est un outil très pratique, en particulier dans sa version mobile, avec l'application Facebook Messenger, qui vous permettra de contacter aisément en privé vos amis, deux à deux ou en groupe.

- Envoyer un message
- Consulter ses messages
- Voir la liste de ses amis connectés
- Afficher les messages filtrés
- Effectuer une recherche dans les messages
- Masquer ou supprimer une conversation
- Installer l'application Messenger
- Utiliser l'application Messenger
- Ajuster les notifications de Messenger

ENVOYER UN MESSAGE

1. Cliquez sur .
2. Cliquez sur .
3. Dans la zone **À**, indiquez le nom du destinataire parmi vos amis. Facebook vous proposera tous les noms correspondant aux premières lettres saisies.
4. Cliquez sur le nom de l'ami recherché.
5. Saisissez votre message dans la zone d'édition en bas de la fenêtre. Pour insérer une émoticône, cliquez sur et choisissez un symbole.
6. Appuyez sur **Entrée** ou sur pour envoyer le message.

3 MIN

NIVEAU :

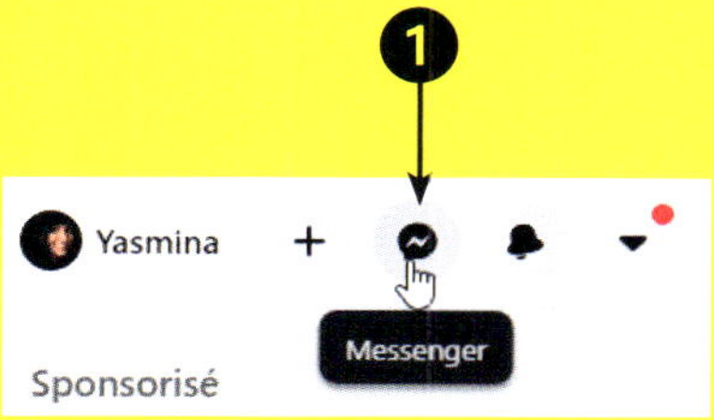

1
Yasmina
Messenger
Sponsorisé

2
Yasmina
Messenger
Nouveau message
Rechercher dans M

3
Nouveau message
À : camille d
Camille
Camille
Camille D
Camille D
Camille D
Camille D
Camille D

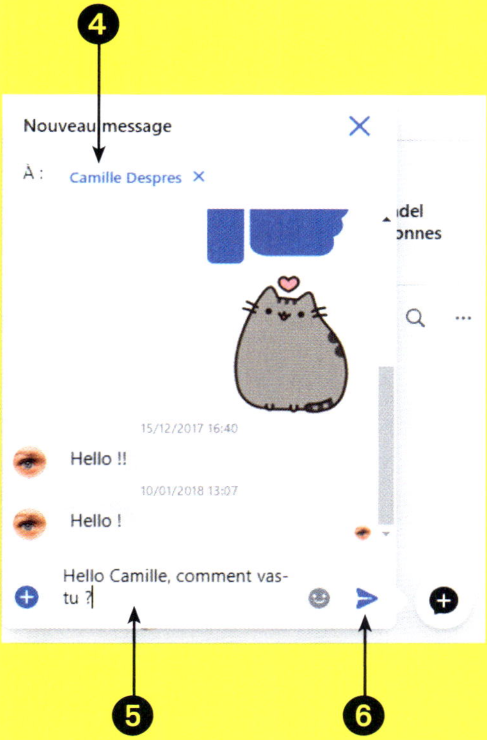

4
Nouveau message
À : Camille Despres
15/12/2017 16:40
Hello !!
10/01/2018 13:07
Hello !
Hello Camille, comment vas-tu ?
5
6

ENVOYER UN MESSAGE (SUITE)

❼ Pour joindre une image ou une vidéo, cliquez sur l'icône . L'image ou le document envoyé s'affiche dans le fil de la conversation.

❽ Pour insérer un autocollant, cliquez sur et choisissez-en un.

❾ Cliquez sur pour parcourir des images animées populaires et cliquez sur l'une d'entre elles pour l'envoyer.

❿ Cliquez sur le bouton pour envoyer un « J'aime ».

⓫ Vous pouvez poursuivre la conversation en saisissant à nouveau du texte.

Vous pouvez envoyer des messages à des personnes qui ne font pas partie de votre réseau : affichez le journal du destinataire et cliquez sur le bouton . Si le bouton n'apparaît pas en haut du journal d'un membre de Facebook, c'est qu'il n'a pas autorisé les contacts de ce type. Notez aussi que les messages envoyés à des personnes ne faisant pas partie de vos amis sont filtrés et placés dans une boîte de réception spéciale : il est donc possible que le destinataire ne les voie pas. Consultez la section « Afficher les messages filtrés », plus loin dans ce chapitre, pour plus d'informations.

3 MIN

NIVEAU :

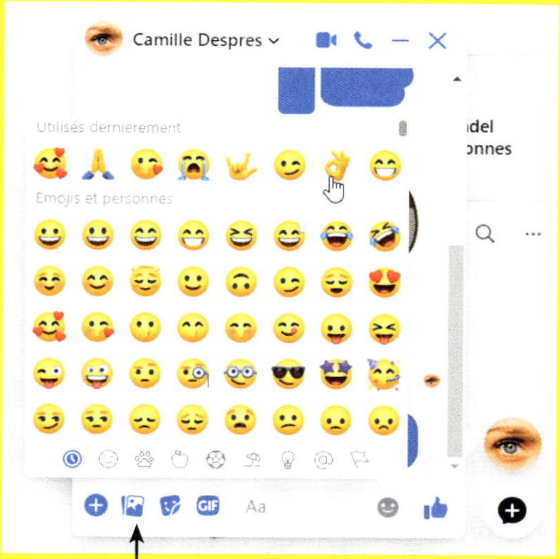

7

8

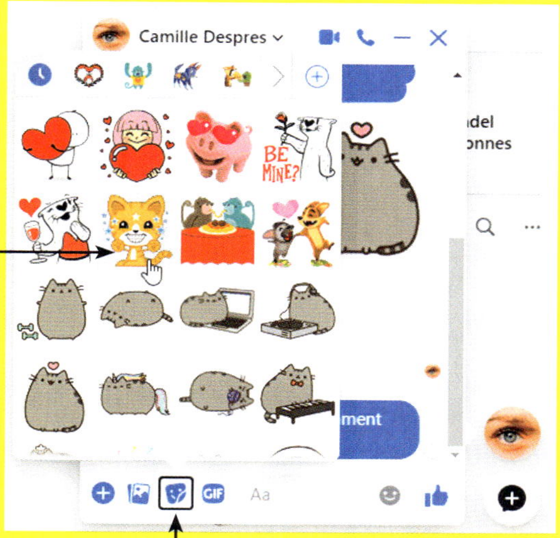

8

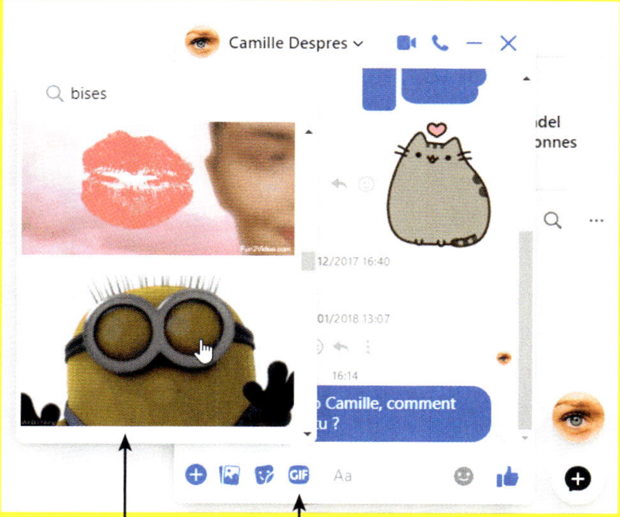

9 9

11

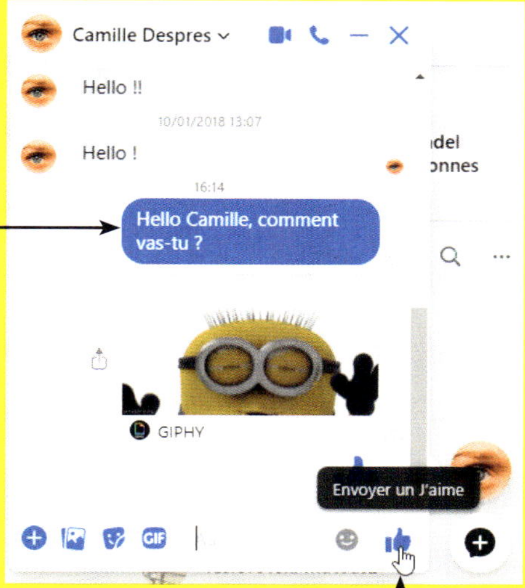

10

CONSULTER SES MESSAGES

❶ Lorsque vous recevez un message, une notification apparaît dans la barre d'outils Facebook, sur l'icône .

❷ Cliquez sur , puis sur l'aperçu du message pour en voir la totalité. Les messages reçus s'affichent, groupés par conversations avec une même personne ou un même groupe.

❸ Cliquez sur un message pour le voir en intégralité et éventuellement y répondre.

❹ Cliquez dans la zone d'édition, saisissez du texte et appuyez sur **Entrée**, comme expliqué précédemment.

❺ Pour un plus grand confort de lecture et d'écriture, vous pouvez afficher les messages dans une fenêtre dédiée : cliquez sur , puis sur **Tout voir dans Messenger**.

2 MIN

NIVEAU :

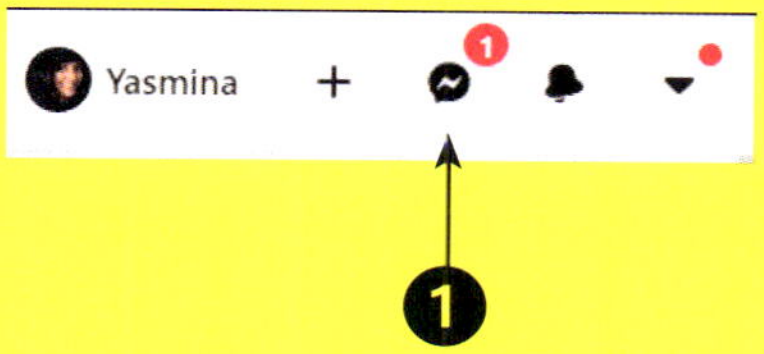
Yasmina
1

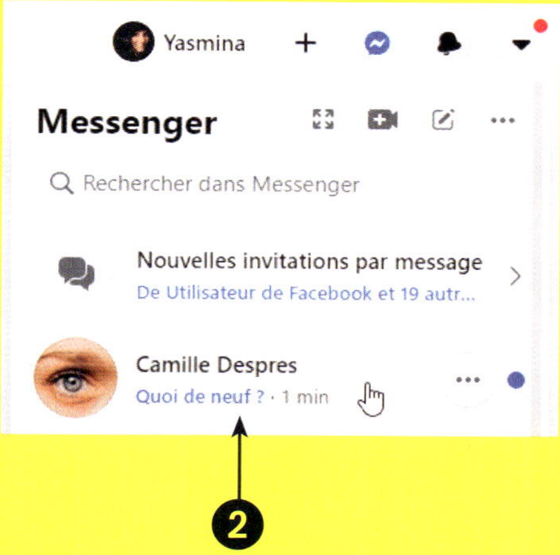
Yasmina
Messenger
Rechercher dans Messenger
Nouvelles invitations par message
De Utilisateur de Facebook et 19 autr...
Camille Despres
Quoi de neuf ? · 1 min
2

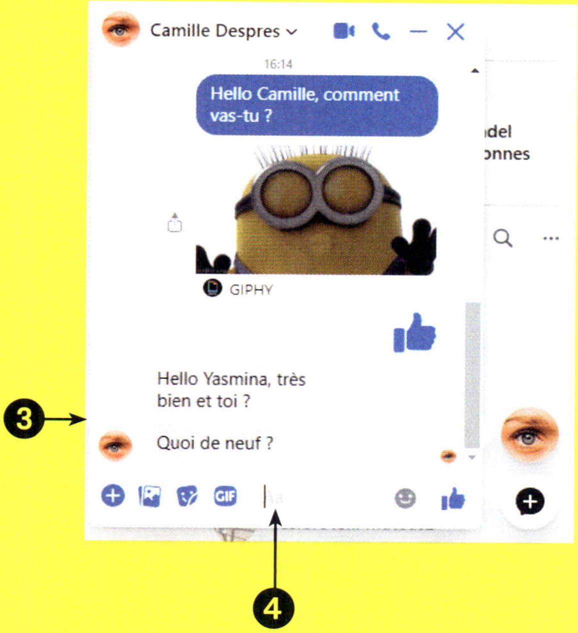
Camille Despres
16:14
Hello Camille, comment vas-tu ?
GIPHY
Hello Yasmina, très bien et toi ?
Quoi de neuf ?
3
4

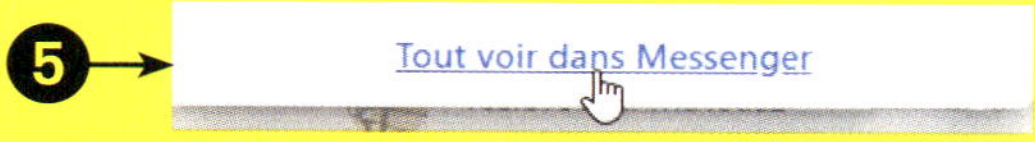
5
Tout voir dans Messenger

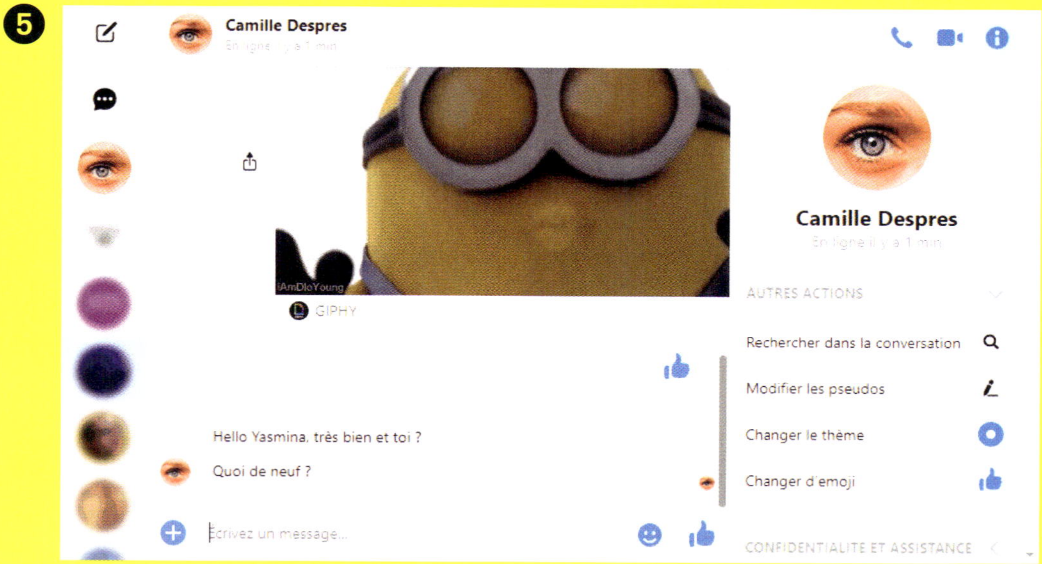
5
Camille Despres
GIPHY
Hello Yasmina, très bien et toi ?
Quoi de neuf ?
Écrivez un message...
Camille Despres
AUTRES ACTIONS
Rechercher dans la conversation
Modifier les pseudos
Changer le thème
Changer d'emoji
CONFIDENTIALITÉ ET ASSISTANCE

VOIR LA LISTE DE SES AMIS CONNECTÉS

❶ La liste de vos amis connectés à un moment T est affichée dans la zone **Contacts**, tout en bas à droite de votre page Facebook. Les membres de votre réseau qui sont en ligne sont signalés par un point vert.

De la même manière, les membres de votre réseau verront par ce biais si vous êtes en ligne et disponible pour une discussion instantanée.

❷ Si vous ne voulez pas que cette information soit visible ou ne souhaitez pas être contacté par le biais de la messagerie instantanée, même temporairement, cliquez sur ··· → **Désactiver le statut en ligne**.

❸ Choisissez une option dans la fenêtre qui apparaît. Vous pouvez désactiver la discussion instantanée pour tous vos amis ou une partie d'entre eux.

❹ Vos contacts ne verront désormais plus votre nom dans la liste des personnes connectées pour la discussion instantanée. Vous ne verrez plus non plus la liste des personnes.

❺ Pour repasser en ligne, cliquez à tout moment sur ··· → **Activer le statut en ligne**.

3 MIN

NIVEAU :

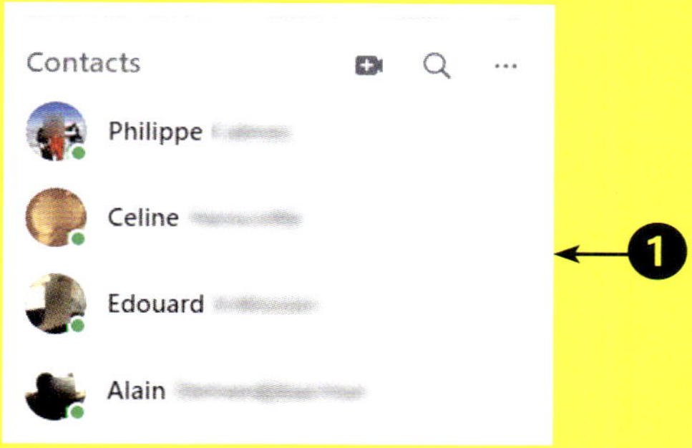
Contacts
Philippe
Celine
Edouard
Alain
1

2
Paramètres de la discussion
Personnalisez votre expérience Messenger
Sons des appels entrants
Sons
Onglets de discussion
Afficher les contacts
Désactiver le Statut en ligne
Paramètres de blocage
Contacts

Statut En ligne
Désactiver le statut En ligne pour tous les contacts
Désactiver le statut En ligne pour tous les contacts sauf...
Désactiver le statut En ligne pour quelques contacts seulement...
Facultatif : indiquez des noms ou des listes
Vos amis et contacts verront quand vous êtes actif ou si vous l'avez été récemment. Vous apparaîtrez comme en ligne ou actif récemment, sauf si vous désactivez ce paramètre sur tous les appareils où vous utilisez Messenger ou Facebook. Vous verrez également si vos amis sont actifs ou étaient récemment actifs. En savoir plus
OK
Annuler
3

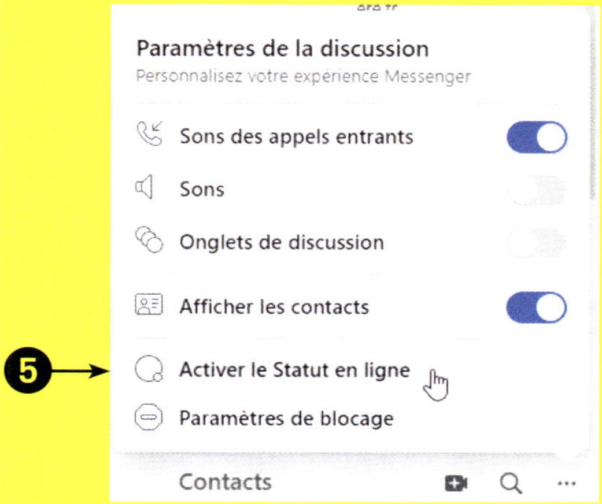
5
Paramètres de la discussion
Personnalisez votre expérience Messenger
Sons des appels entrants
Sons
Onglets de discussion
Afficher les contacts
Activer le Statut en ligne
Paramètres de blocage
Contacts

AFFICHER LES MESSAGES FILTRÉS

La messagerie Facebook bénéficie automatiquement d'un filtrage : les personnes qui ne vous connaissent pas ou qui ne font pas partie de vos amis ne peuvent pas vous contacter de la même manière que les autres. La principale caractéristique de ces messages filtrés est de ne faire l'objet d'aucune notification. Tant que vous ne répondez pas à l'un de ces messages, ils restent dans la boîte de réception Filtrés.

1. Cliquez sur , puis sur **Nouvelles invitations par message**.
2. Les messages filtrés s'affichent. Cliquez sur une ligne pour en voir un.
3. Si vous répondez au message, celui-ci sera transféré dans la boîte de réception principale et l'émetteur pourra vous contacter.
4. Vous pouvez ne pas répondre, l'expéditeur ne sera pas notifié du fait que vous avez lu ce message.
5. Si vous ne souhaitez pas communiquer avec l'expéditeur, cliquez sur **Je ne veux pas être en contact avec**.
6. Vous pouvez alors simplement supprimer la conversation, ou bloquer la personne pour l'empêcher de vous contacter à nouveau.

Si un message est indiqué comme provenant d'un certain « Utilisateur de Facebook », doté d'une photo grisée, c'est que son expéditeur a depuis procédé à sa désinscription ou que son profil a été suspendu par Facebook.

3 MIN

NIVEAU :

Yasmina
Messenger
Rechercher dans Messenger
Nouvelles invitations par message
et 20 autres perso...
1

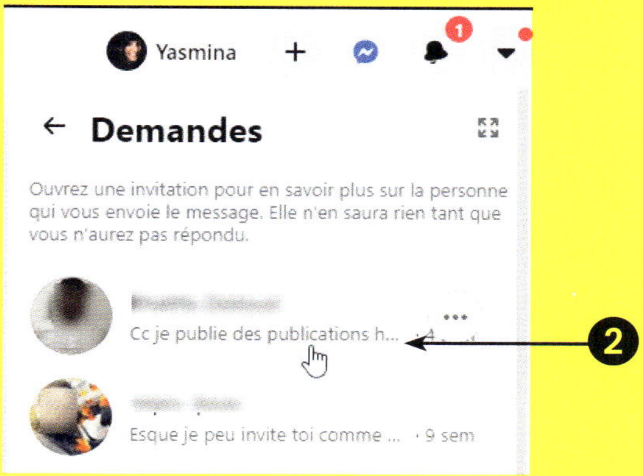
Yasmina
Demandes
Ouvrez une invitation pour en savoir plus sur la personne qui vous envoie le message. Elle n'en saura rien tant que vous n'aurez pas répondu.
Cc je publie des publications h...
Esque je peu invite toi comme ... · 9 sem
2

3 amis communs, dont Dounia Bm et Olivier Ranson
Habite à Paris
12 mai 2020 à 00:29
Cc je publie des publications humoristiques passe faire un tour sur mon face book quand tu a un peu de temps merci
Si vous répondez, Khalifa pourra vous appeler et voir des informations telles que votre statut En ligne et à quel moment vous avez lu les messages.
Je ne veux pas être en contact avec Khalifa
Aa
5

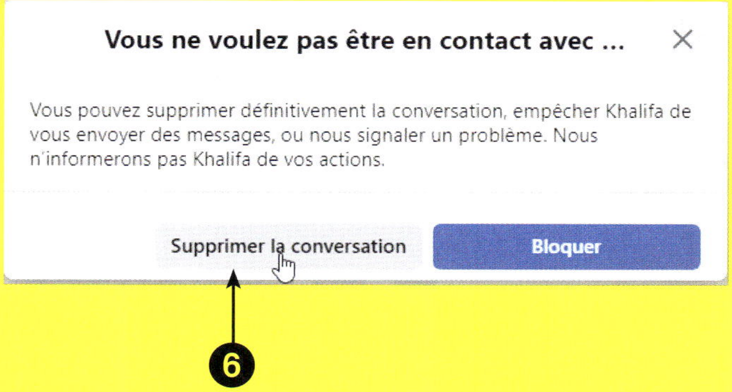
Vous ne voulez pas être en contact avec ...
Vous pouvez supprimer définitivement la conversation, empêcher Khalifa de vous envoyer des messages, ou nous signaler un problème. Nous n'informerons pas Khalifa de vos actions.
Supprimer la conversation
Bloquer
6

EFFECTUER UNE RECHERCHE DANS LES MESSAGES

La recherche dans les messages peut porter sur le nom de l'expéditeur, mais aussi sur leur contenu.

1. Affichez la boîte de réception dans son intégralité en cliquant sur , puis sur **Tout voir dans Messenger**.
2. Cliquez dans le champ **Rechercher dans Messenger**, tout en haut de la boîte de réception.
3. Saisissez les premières lettres du mot à rechercher.
4. Les amis, messages et entreprises dont le nom contient les lettres saisies s'affichent. Cliquez sur un élément pour y accéder.
5. Pour effectuer une recherche dans le contenu des messages, saisissez un mot-clé puis cliquez sur **Rechercher dans les messages**.
6. La liste des messages est filtrée selon le mot-clé. Cliquez sur une ligne pour accéder à la conversation.

2 MIN

NIVEAU :

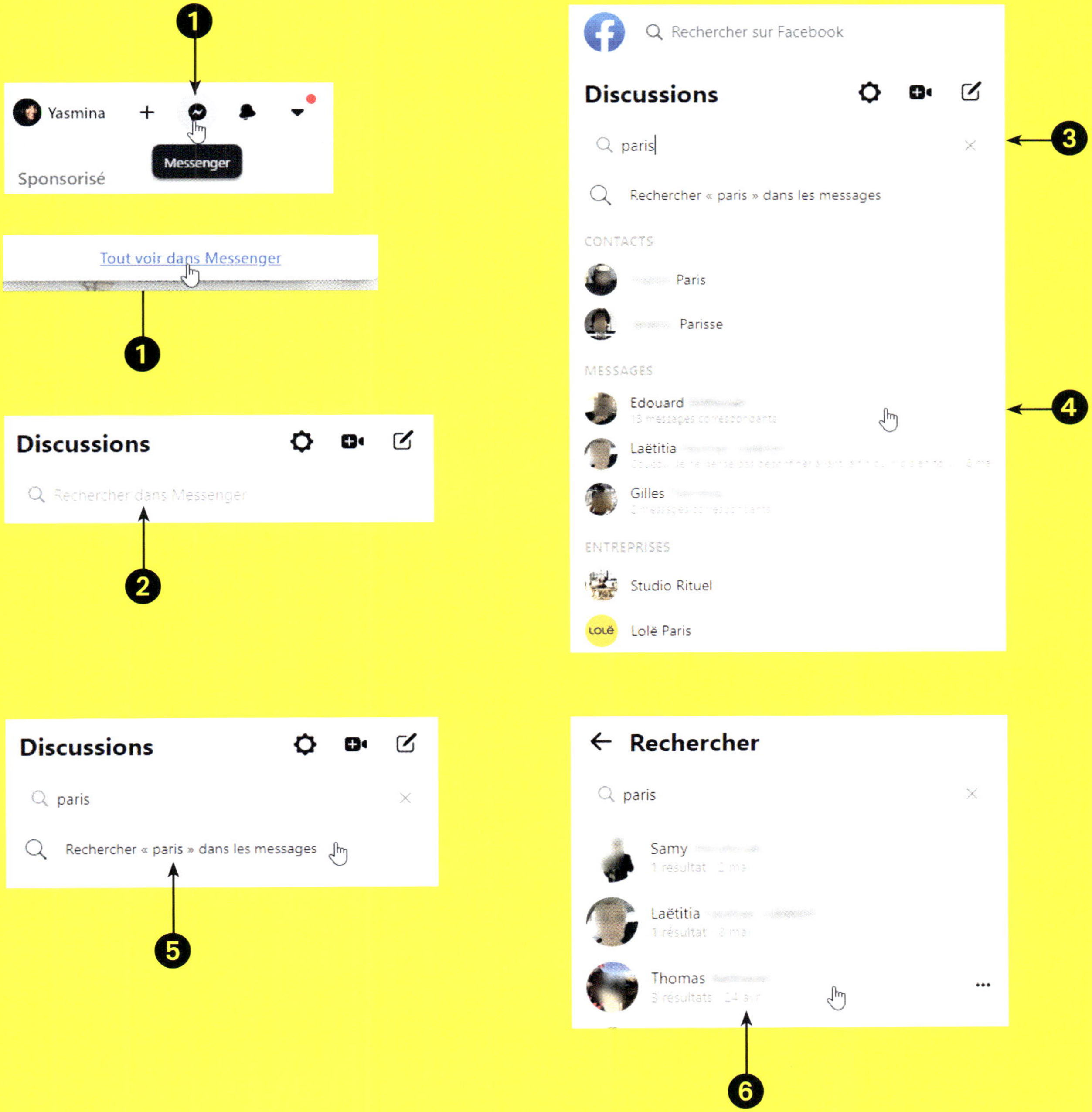

1
Yasmina
Messenger
Sponsorisé
Tout voir dans Messenger
1
Discussions
Rechercher dans Messenger
2
Discussions
paris
Rechercher « paris » dans les messages
5
Rechercher sur Facebook
Discussions
paris
3
Rechercher « paris » dans les messages
CONTACTS
Paris
Parisse
MESSAGES
Edouard
4
Laëtitia
Gilles
ENTREPRISES
Studio Rituel
Lolë Paris
Rechercher
paris
Samy
1 résultat
Laëtitia
1 résultat
Thomas
3 résultats
6

MASQUER OU SUPPRIMER UNE CONVERSATION

Même si rien ne vous oblige à « faire le ménage » dans votre boîte de réception, vous pouvez archiver ou supprimer définitivement une conversation.

1. Cliquez sur , puis sur **Tout voir dans Messenger**.
2. Affichez les détails de la conversation.
3. Cliquez sur le bouton **Supprimer** pour effacer définitivement toute la conversation et son historique.
4. Pour archiver la conversation, c'est-à-dire la masquer sans pour autant la supprimer définitivement, cliquez sur **Masquer**.
5. Pour mettre une conversation en sourdine, et ainsi ne plus recevoir de notification à l'arrivée de chaque nouveau message pendant une heure, pour la nuit ou jusqu'à ce que vous décidiez le contraire, cliquez sur ··· → **Sourdine** et choisissez une option.

Cliquez sur ··· → **Reprendre** pour quitter le mode « sourdine ».

Lorsque vous archivez une conversation, son historique est conservé et si le même correspondant renvoie un nouveau message, la conversation archivée réapparaît.

2 MIN

NIVEAU :

1
Yasmina
Messenger
Sponsorisé

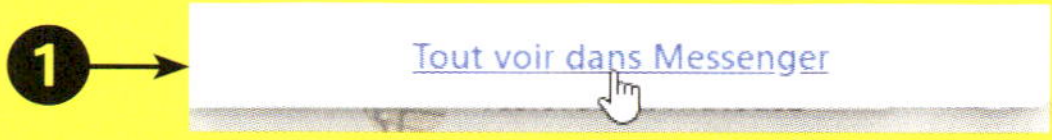
1
Tout voir dans Messenger

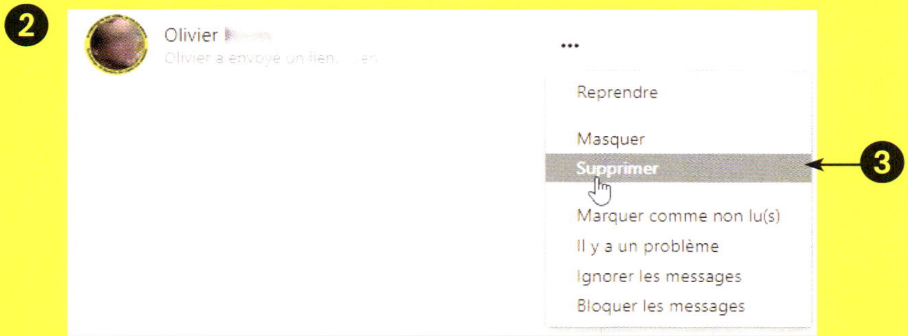
2
Olivier
Reprendre
Masquer
Supprimer
3
Marquer comme non lu(s)
Il y a un problème
Ignorer les messages
Bloquer les messages

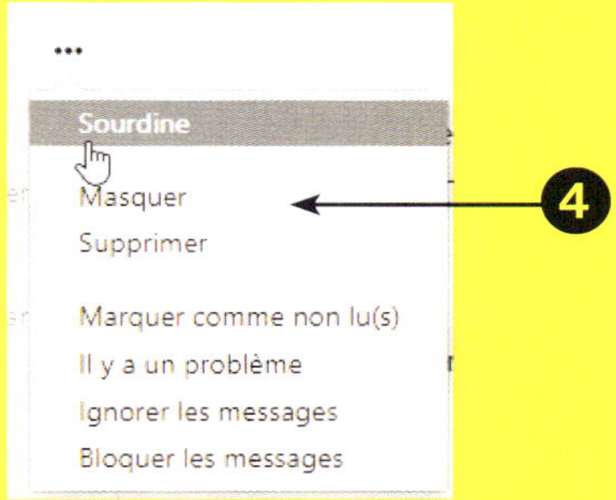
Sourdine
Masquer
4
Supprimer
Marquer comme non lu(s)
Il y a un problème
Ignorer les messages
Bloquer les messages

5
Mettre la conversation en sourdine
Même en mode silencieux, vous continuerez à recevoir des notifications lorsque vous êtes mentionnée.
5
Pendant 15 minutes
Pendant 1 heure
Pendant 8 heures
Pendant 24 heures
Jusqu'à réactivation
Annuler
Sourdine

INSTALLER L'APPLICATION MESSENGER

Facebook Messenger est une application indépendante de Facebook Mobile, vous devez donc commencer par l'installer sur votre smartphone ou tablette. Cette opération se fait très simplement depuis l'application Facebook Mobile ou depuis la boutique d'applications de votre appareil.

1. Touchez le bouton et cliquez sur **Installer**.
2. Dans la boutique d'applications de votre appareil, cliquez sur le bouton d'installation et patientez pendant d'installation de l'application.
3. Lancez ensuite l'application afin de la configurer : touchez son icône sur l'écran de votre appareil.
4. Facebook vous propose d'utiliser par défaut le compte avec lequel vous êtes connecté à l'application mobile. Cliquez sur le bouton **Continuer**.

Cliquez sur **Changer de compte** si vous souhaitez vous connecter avec un autre compte utilisateur.

1 MIN

NIVEAU :

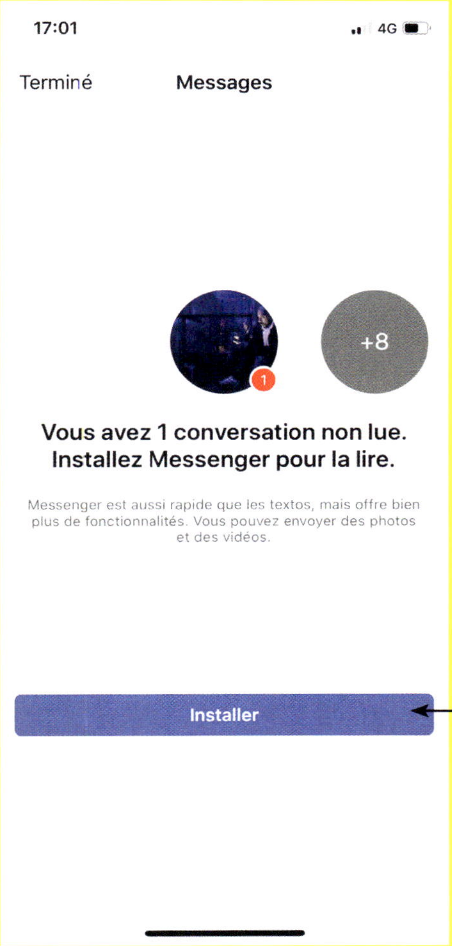

2

2

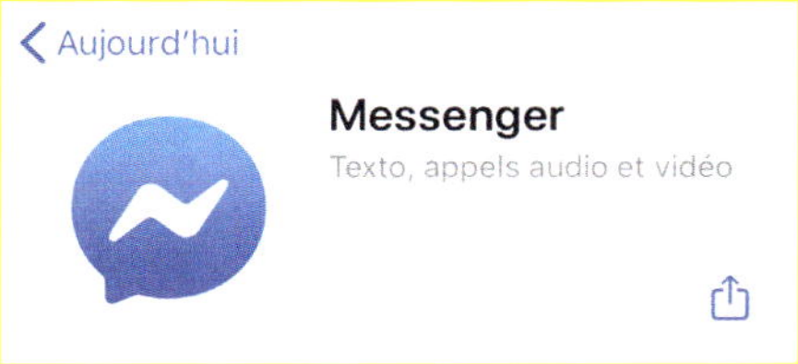

3

4

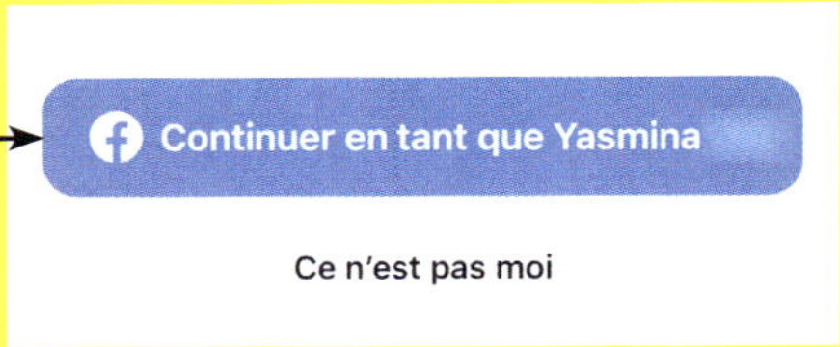

INSTALLER L'APPLICATION MESSENGER (SUITE)

5. Cliquez sur **Autoriser** pour activer les notifications (vous pourrez éventuellement modifier ce réglage ultérieurement).
6. Facebook vous propose ensuite d'ajouter un numéro de téléphone. Celui-ci sera associé à votre compte Facebook Messenger et les personnes possédant votre numéro pourront vous ajouter à leurs contacts, mais le numéro ne sera pas accessible par ailleurs sur Facebook. Cette opération est optionnelle. Cliquez sur **Suivant**.
7. La configuration est terminée. Facebook Messenger s'ouvre.

1 MIN NIVEAU :

17:03
App Store
Autorisez-vous « Messenger » à vous envoyer des notifications ?
Les notifications peuvent inclure des alertes, des sons et des pastilles d'icônes. Vous pouvez les configurer dans Réglages.
Refuser
Autoriser
5
Continuer en tant que Yasmina Smj
Ce n'est pas moi

17:04
App Store
Ajoutez votre numéro de mobile
+33
Suivant
6
Plus tard

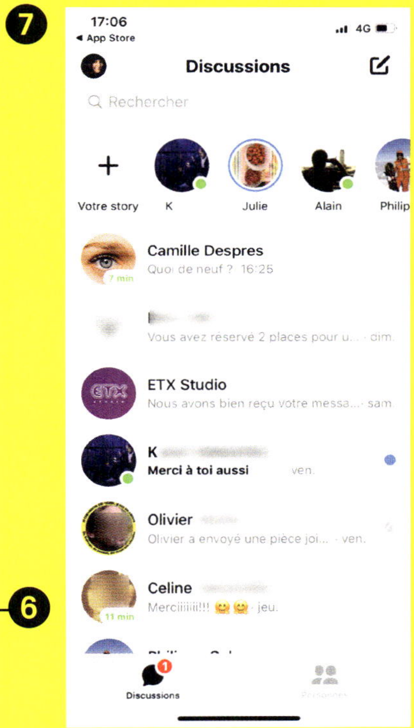
7
17:06
App Store
Discussions
Rechercher
Votre story
K
Julie
Alain
Camille Despres
Quoi de neuf ? 16:25
ETX Studio
Merci à toi aussi
Olivier
Celine
Discussions

UTILISER L'APPLICATION MESSENGER

❶ En haut s'affichent les contacts actifs, c'est-à-dire connectés à l'application Messenger. Au-dessous sont listés les invitations par message et les derniers échanges avec vos amis. Touchez une ligne pour consulter la conversation ou répondre à un message. Les messages non lus apparaissent en gras. Une pastille verte indique que le contact concerné est en ligne.

Vous verrez aussi les contacts ayant publié une story (consultez le Chapitre 4 pour plus d'informations à ce sujet). Touchez le nom d'un contact pour visualiser sa story.

❷ Cliquez dans la zone d'édition pour répondre à un message. Utilisez le clavier spécial de votre smartphone pour insérer un emoji.

❸ Pour lancer une conversation avec l'un de vos contacts Facebook, touchez le bouton . La liste de vos contacts s'affiche. L'application vous propose en priorité les contacts avec lesquels vous avez eu des échanges récemment et ceux avec lesquels vous communiquez fréquemment.

❹ Saisissez les premières lettres du nom ou du prénom d'un contact, puis touchez son nom dans la liste qui s'affiche.

5 MIN

NIVEAU :

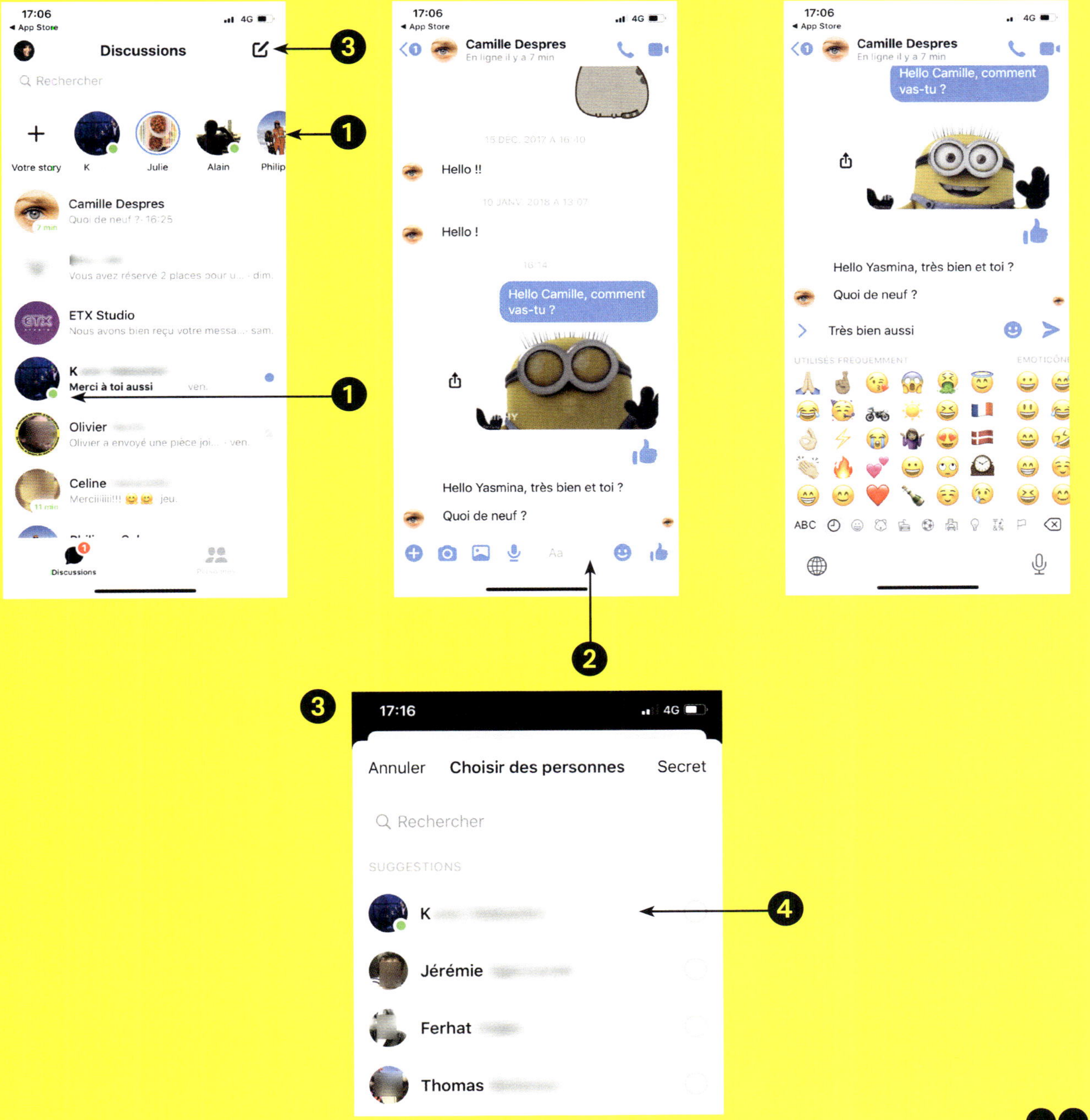
17:06
App Store
Discussions
Rechercher
Votre story
K
Julie
Alain
Philip
Camille Despres
Quoi de neuf ? · 16:25
Vous avez réservé 2 places pour u... · dim.
ETX Studio
Nous avons bien reçu votre messa... · sam.
K
Merci à toi aussi
Olivier
Olivier a envoyé une pièce joi... · ven.
Celine
Merciiiiii!!!
Discussions
1
3
Camille Despres
En ligne il y a 7 min
Hello !!
Hello !
Hello Camille, comment vas-tu ?
Hello Yasmina, très bien et toi ?
Quoi de neuf ?
Aa
2
Très bien aussi
UTILISÉS FRÉQUEMMENT
ABC
17:16
4G
Annuler
Choisir des personnes
Secret
Rechercher
SUGGESTIONS
K
Jérémie
Ferhat
Thomas
4

UTILISER L'APPLICATION MESSENGER (SUITE)

5 Saisissez votre message, puis touchez ➤ pour l'envoyer.

6 Vous pouvez enfin lancer un appel vocal ou vidéo avec le contact sélectionné en touchant le bouton 📞 ou 📹, respectivement. Notez que ce type d'appel utilise votre connexion Internet et est gratuit, mais certains opérateurs peuvent en limiter l'accès.

7 Si vous souhaitez lancer une conversation secrète, c'est-à-dire visible uniquement sur l'appareil depuis lequel elle a été initiée, touchez **Secret**. Les messages ne seront pas visibles depuis un autre appareil ou ordinateur, et vous pourrez de plus définir une durée avant leur suppression. Touchez le bouton ⏲ pour définir une durée.

8 Les messages de la conversation secrète seront automatiquement effacés une fois la durée définie écoulée.

Facebook Messenger permet les conversations de groupe. Saisissez simplement les noms de tous les participants à y inclure au moment de la création d'un nouveau message. Une fois le groupe créé, il suffit de toucher le bouton 📞 ou 📹 pour lancer un appel vocal ou vidéo, respectivement. Pour créer un salon, touchez le bouton Personnes en bas de l'écran d'accueil, puis **Créer un salon**.

5 MIN

NIVEAU :

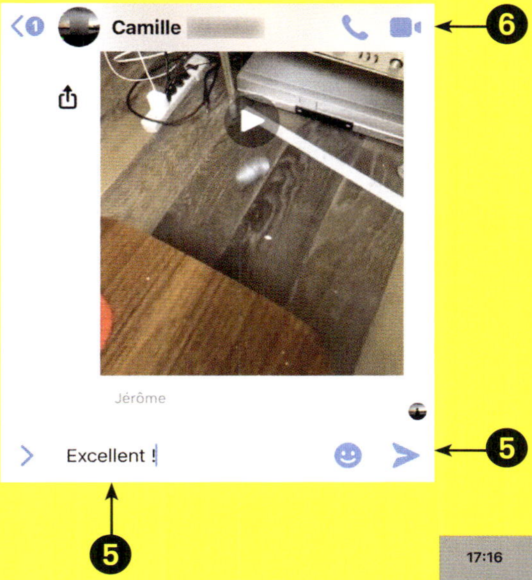

Camille
Jérôme
Excellent !
6
5
5

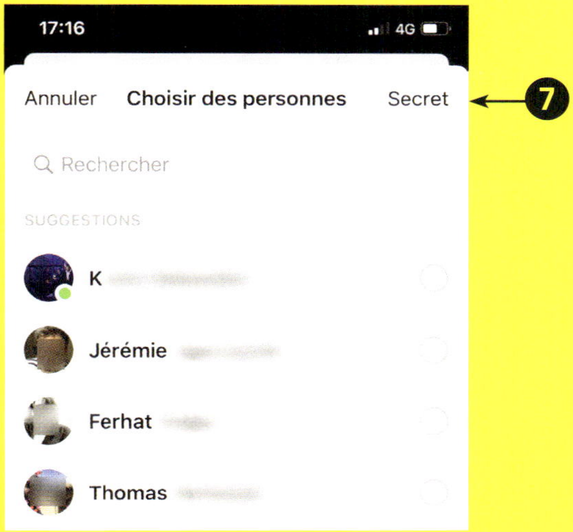

17:16
4G
Annuler
Choisir des personnes
Secret
Rechercher
SUGGESTIONS
K
Jérémie
Ferhat
Thomas
7

17:16
4G
Camille
Camille
Conversation secrète
Chiffrée de bout en bout sur tous vos appareils mobiles
Minuteur
10 secondes
30 secondes
1 minute
5 minutes
10 minutes
Programmer le minuteur
7

RÉGLER LES NOTIFICATIONS DE MESSENGER

1. Sur l'écran d'accueil de Facebook Messenger, touchez la vignette affichant votre propre photo.
2. Touchez **Sons et notifications**. Les options de notifications s'affichent.
3. Touchez **Ne pas déranger** (appareils Apple/iOS) ou **Sons et notifications** (appareils Android) pour désactiver toutes les notifications pendant une durée déterminée.
4. Désactivez l'option **Afficher les aperçus** pour que les bannières et alertes ne s'affichent plus sur l'écran de votre appareil.
5. Activez l'option **Sons et vibration** pour que ces alertes soient émises uniquement lorsque l'application est utilisée.

2 MIN

NIVEAU :

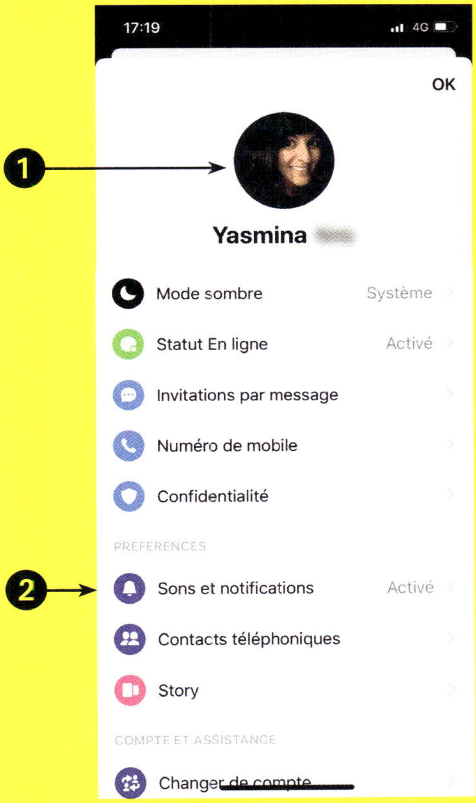

17:19
4G
OK
1
Yasmina
Mode sombre
Système
Statut En ligne
Activé
Invitations par message
Numéro de mobile
Confidentialité
PREFERENCES
2
Sons et notifications
Activé
Contacts téléphoniques
Story
COMPTE ET ASSISTANCE
Changer de compte

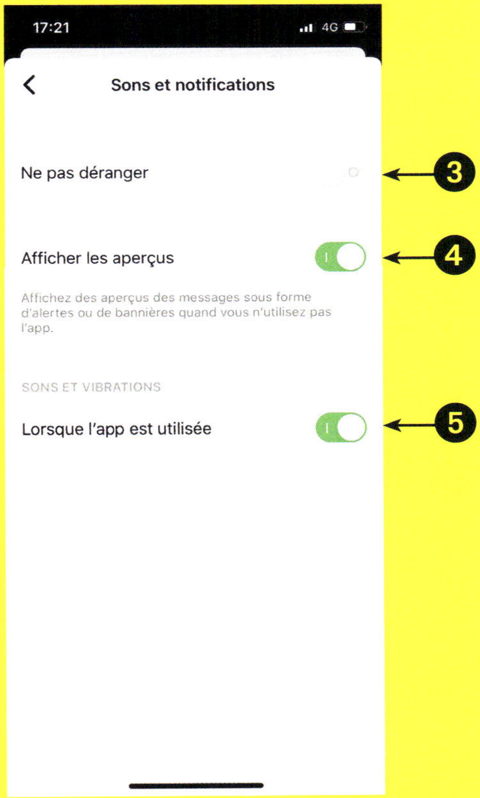

17:21
4G
Sons et notifications
Ne pas déranger
3
Afficher les aperçus
4
Affichez des aperçus des messages sous forme d'alertes ou de bannières quand vous n'utilisez pas l'app.
SONS ET VIBRATIONS
Lorsque l'app est utilisée
5

CHAPITRE 8

CONFIDENTIALITÉ ET SÉCURITÉ SUR FACEBOOK

Ce chapitre aborde le sujet épineux de la confidentialité et de la sécurité sur Facebook, et détaille les options importantes à connaître. Décidez qui peut vous contacter et comment vos publications sont diffusées, ainsi que la manière dont vos données personnelles sont utilisées.

- Vérifier les paramètres de confidentialité
- Vérifier ses paramètres de protection
- Vérifier la manière d'être trouvé sur Facebook
- Vérifier les paramètres de ses données
- Paramétrer les préférences pour les publicités
- Accéder à l'ensemble des paramètres de confidentialité de Facebook
- Contrôler qui peut publier dans le journal
- Gérer les notifications
- Changer de nom
- Désactiver son compte
- Supprimer son compte

VÉRIFIER LES PARAMÈTRES DE CONFIDENTIALITÉ IMPORTANTS

Accessibles rapidement et à tout moment dans toutes les pages de Facebook, les **Raccourcis de confidentialité** permettent d'ajuster rapidement les réglages majeurs de confidentialité. L'option **Vérifier quelques paramètres importants de confidentialité** vous guide dans les réglages importants.

1. Cliquez sur ▾ ➜ **Paramètres et confidentialité**.
2. Cliquez sur **Raccourcis de confidentialité**.
3. Cliquez sur **Vérifier quelques paramètres importants de confidentialité**.
4. **Qui peut voir ce que vous partagez** permet de définir le niveau de confidentialité de vos publications. Cliquez sur **Continuer**.

5 MIN

NIVEAU :

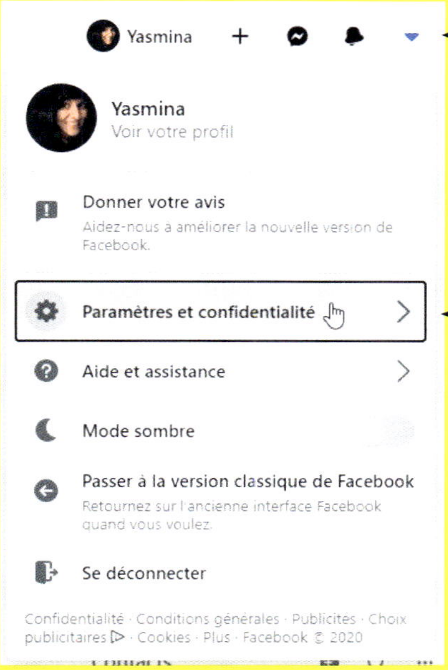

Yasmina
Yasmina
Voir votre profil
Donner votre avis
Aidez-nous à améliorer la nouvelle version de Facebook.
Paramètres et confidentialité
Aide et assistance
Mode sombre
Passer à la version classique de Facebook
Retournez sur l'ancienne interface Facebook quand vous voulez.
Se déconnecter
Confidentialité · Conditions générales · Publicités · Choix publicitaires · Cookies · Plus · Facebook © 2020

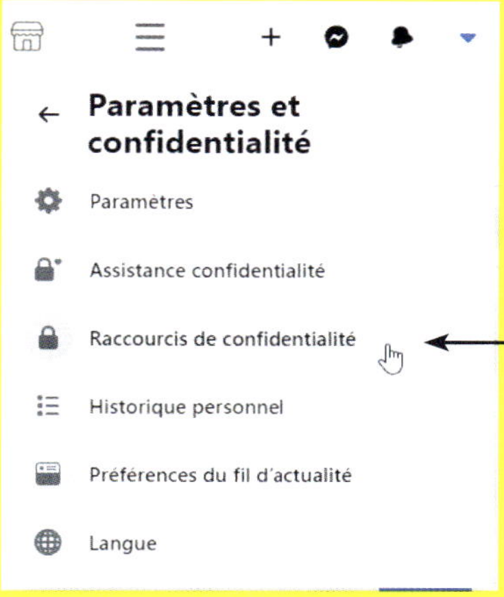

Paramètres et confidentialité
Paramètres
Assistance confidentialité
Raccourcis de confidentialité
Historique personnel
Préférences du fil d'actualité
Langue

Confidentialité
Contrôlez qui voit ce que vous partagez sur Facebook et gérez les données qui nous permette personnaliser vos expériences
Vérifier quelques paramètres importants de confidentialité
En savoir plus sur votre vie privée sur Facebook
Gérer vos paramètres de localisation
Contrôler la reconnaissance faciale

Qui peut voir ce que vous partagez
Il y a 4 jours

Qui peut voir ce que vous partagez
Nous allons vous guider pour définir les paramètres qui vous conviennent.
Informations du profil
Publications et stories
Blocage
Continuer

VÉRIFIER LES PARAMÈTRES DE CONFIDENTIALITÉ IMPORTANTS (SUITE)

5 Commencez par vérifier la visibilité de vos informations de profil. Vous pouvez ici définir pour chaque élément de votre profil Facebook le niveau de confidentialité : amis, public ou vous uniquement.

Public est une option intéressante si vous souhaitez que toutes vos publications soient visibles par le plus grand nombre. Vous pouvez à l'opposé personnaliser le réglage, voire restreindre tous les accès à une seule personne : vous-même, en choisissant l'option **Moi**.

6 Cliquez sur **Suivant**.

7 Vérifiez ensuite le niveau de confidentialité par défaut de vos publications et stories. L'option **Limiter l'audience des anciennes publications** permet de restreindre l'audience de toutes les publications de votre journal : le niveau de confidentialité de toutes vos publications passées, qu'il soit défini sur **Public** ou **Amis** et leurs amis, sera désormais défini à **Amis**.

5 MIN

NIVEAU :

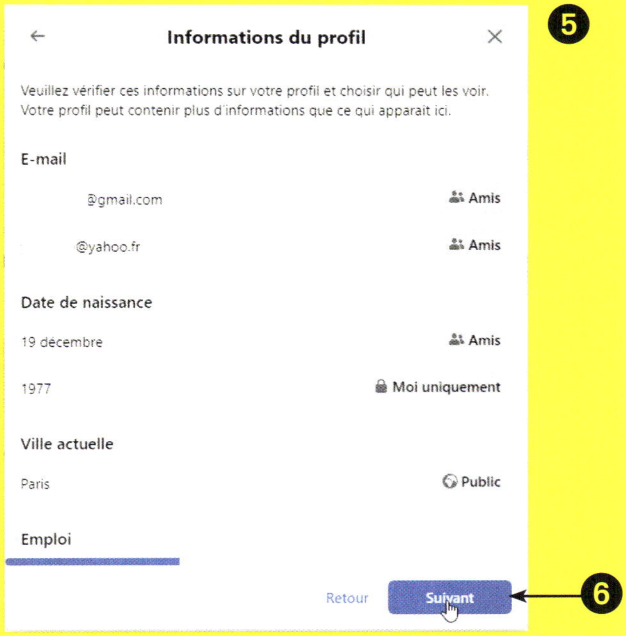
Informations du profil
Veuillez vérifier ces informations sur votre profil et choisir qui peut les voir. Votre profil peut contenir plus d'informations que ce qui apparaît ici.
E-mail
@gmail.com
Amis
@yahoo.fr
Amis
Date de naissance
19 décembre
Amis
1977
Moi uniquement
Ville actuelle
Paris
Public
Emploi
Retour
Suivant
5
6

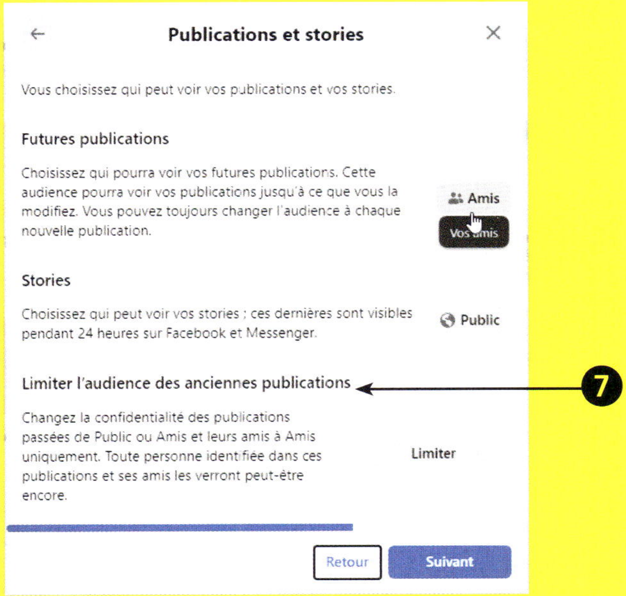
Publications et stories
Vous choisissez qui peut voir vos publications et vos stories.
Futures publications
Choisissez qui pourra voir vos futures publications. Cette audience pourra voir vos publications jusqu'à ce que vous la modifiez. Vous pouvez toujours changer l'audience à chaque nouvelle publication.
Amis
Stories
Choisissez qui peut voir vos stories : ces dernières sont visibles pendant 24 heures sur Facebook et Messenger.
Public
Limiter l'audience des anciennes publications
Changez la confidentialité des publications passées de Public ou Amis et leurs amis à Amis uniquement. Toute personne identifiée dans ces publications et ses amis les verront peut-être encore.
Limiter
Retour
Suivant
7

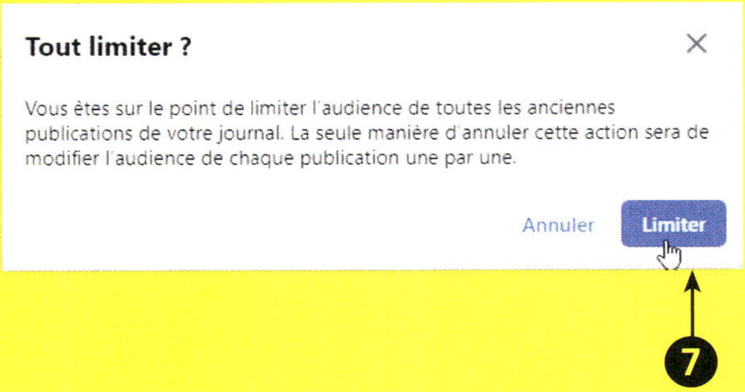
Tout limiter ?
Vous êtes sur le point de limiter l'audience de toutes les anciennes publications de votre journal. La seule manière d'annuler cette action sera de modifier l'audience de chaque publication une par une.
Annuler
Limiter
7

VÉRIFIER LES PARAMÈTRES DE CONFIDENTIALITÉ IMPORTANTS (SUITE)

8. Cliquez sur **Suivant**.
9. La section **Blocage** permet d'ajouter des membres de Facebook à la liste des personnes bloquées et de consulter la liste des éléments déjà bloqués.
10. Cliquez sur **Suivant**. Vos réglages de confidentialité sont à jour.

5 MIN

NIVEAU :

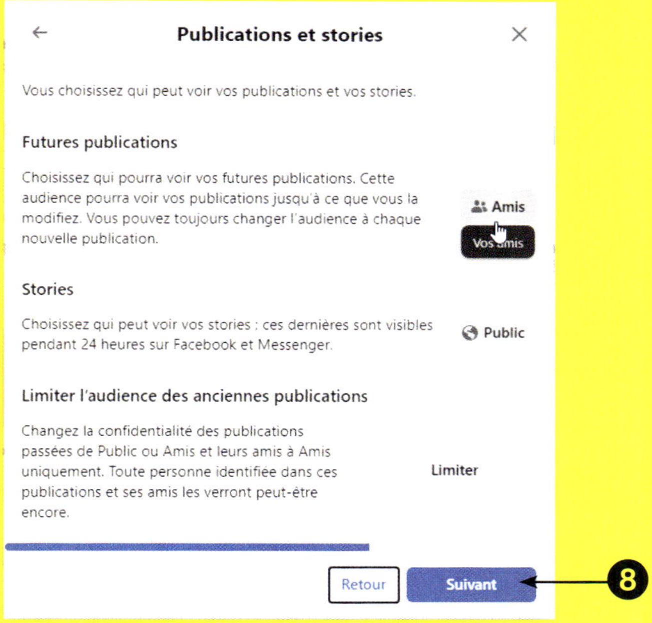
Publications et stories
Vous choisissez qui peut voir vos publications et vos stories.
Futures publications
Choisissez qui pourra voir vos futures publications. Cette audience pourra voir vos publications jusqu'à ce que vous la modifiez. Vous pouvez toujours changer l'audience à chaque nouvelle publication.
Amis
Stories
Choisissez qui peut voir vos stories : ces dernières sont visibles pendant 24 heures sur Facebook et Messenger.
Public
Limiter l'audience des anciennes publications
Changez la confidentialité des publications passées de Public ou Amis et leurs amis à Amis uniquement. Toute personne identifiée dans ces publications et ses amis les verront peut-être encore.
Limiter
Retour
Suivant
8

9
Blocage
Lorsque vous bloquez une personne, elle ne peut plus voir ce que vous publiez sur votre journal, vous identifier, vous inviter à des évènements ou dans des groupes, lancer une conversation avec vous ou vous ajouter à ses amis.
Astuce : Lorsque vous bloquez une personne, nous ne l'en informons pas.
Ajouter à la liste d'éléments bloqués
Voir votre liste des personnes bloquées
Vous avez bloqué 401 personnes
Retour
Suivant
10

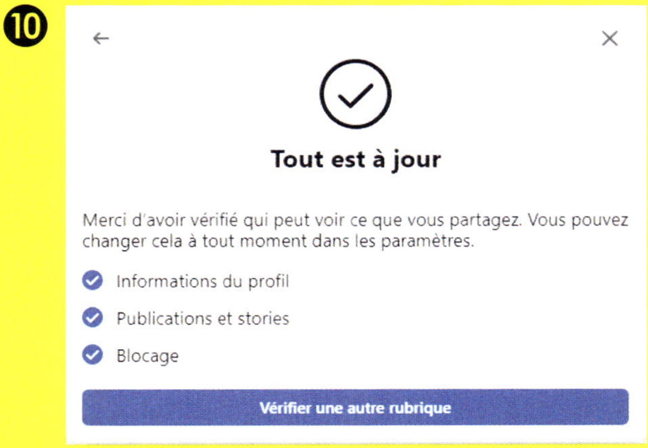
10
Tout est à jour
Merci d'avoir vérifié qui peut voir ce que vous partagez. Vous pouvez changer cela à tout moment dans les paramètres.
Informations du profil
Publications et stories
Blocage
Vérifier une autre rubrique

VÉRIFIER SES PARAMÈTRES DE PROTECTION

L'option **Comment protéger votre compte** de l'**Assistance confidentialité** vous aidera à vérifier que votre compte Facebook est bien sécurisé.

1. Cliquez sur ▾ → **Paramètres et confidentialité**.
2. Cliquez sur **Assistance confidentialité**.
3. Cliquez sur **Comment protéger votre compte**.
4. Facebook vous indique si une action de sécurité est recommandée. Cliquez sur **Continuer**.
5. Pour changer de mot de passe, cliquez sur **Modifier le mot de passe**.

5 MIN

NIVEAU :

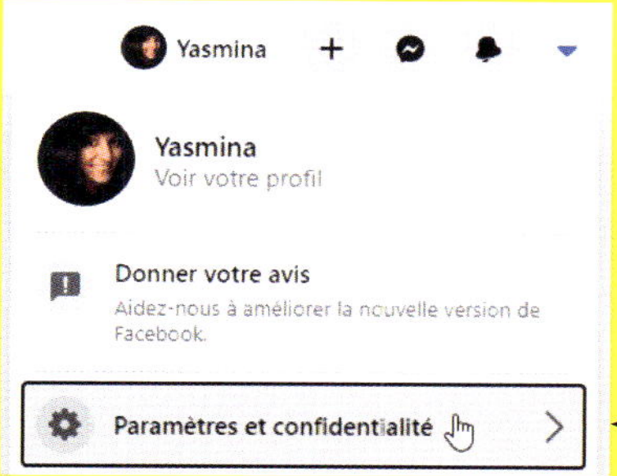

1

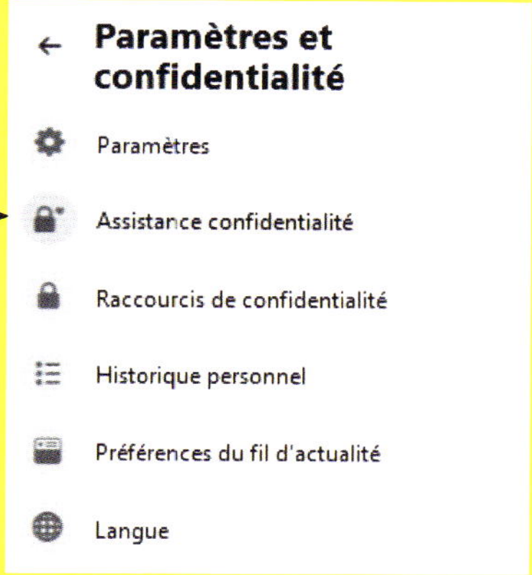

2

3

4

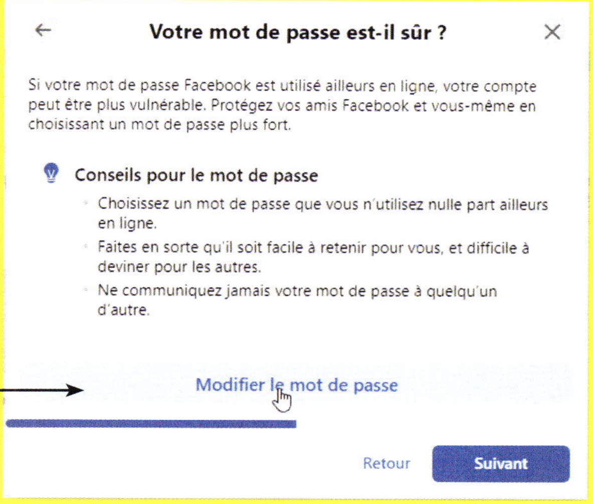

5

VÉRIFIER SES PARAMÈTRES DE PROTECTION (SUITE)

6. Saisissez votre mot de passe actuel puis un nouveau mot de passe pour le remplacer. Un indicateur de fiabilité vous donne une idée de la robustesse du nouveau mot de passe choisi.
7. Saisissez une deuxième fois le nouveau mot de passe.
8. Cliquez sur le bouton **Enregistrer les modifications**.
9. Cliquez sur **Suivant**.
10. L'option **Contrôle de vos alertes** permet de choisir comment Facebook doit vous informer d'une connexion à votre compte pouvant être suspecte, c'est-à-dire provenant d'un endroit non reconnu ou inhabituel. Choisissez si la notification doit être reçue *via* Facebook, Messenger et/ou par e-mail.
11. Cliquez sur **Suivant**. Vos réglages de confidentialité sont à jour.

5 MIN NIVEAU :

Votre mot de passe est-il sûr ?
Si votre mot de passe Facebook est utilisé ailleurs en ligne, votre compte peut être plus vulnérable. Protégez vos amis Facebook et vous-même en choisissant un mot de passe plus fort.
Conseils pour le mot de passe
Choisissez un mot de passe que vous n'utilisez nulle part ailleurs en ligne.
Faites en sorte qu'il soit facile à retenir pour vous, et difficile à deviner pour les autres.
Ne communiquez jamais votre mot de passe à quelqu'un d'autre.
Enregistrer les modifications
Retour
Suivant

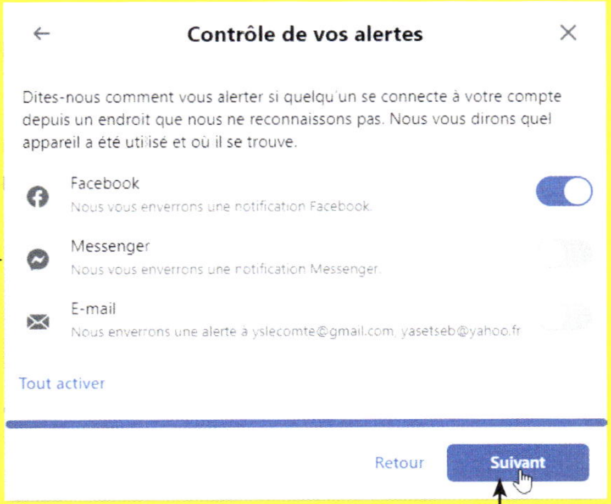
Contrôle de vos alertes
Dites-nous comment vous alerter si quelqu'un se connecte à votre compte depuis un endroit que nous ne reconnaissons pas. Nous vous dirons quel appareil a été utilisé et où il se trouve.
Facebook
Nous vous enverrons une notification Facebook.
Messenger
Nous vous enverrons une notification Messenger.
E-mail
Tout activer
Retour
Suivant

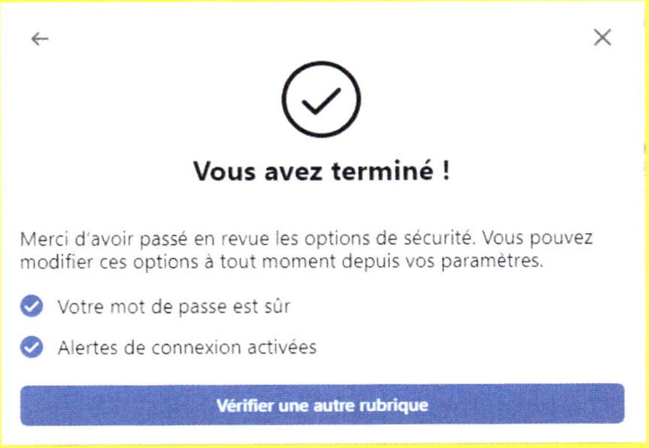
Vous avez terminé !
Merci d'avoir passé en revue les options de sécurité. Vous pouvez modifier ces options à tout moment depuis vos paramètres.
Votre mot de passe est sûr
Alertes de connexion activées
Vérifier une autre rubrique

VÉRIFIER LA MANIÈRE D'ÊTRE TROUVÉ SUR FACEBOOK

L'option **Comment il est possible de vous trouver sur Facebook** de l'**Assistance confidentialité** vous permet de contrôler la manière dont les autres membres de Facebook peuvent vous identifier et vous ajouter à leur réseau.

1. Cliquez sur ▾ → **Paramètres et confidentialité**.
2. Cliquez sur **Assistance confidentialité**.
3. Cliquez sur **Comment il est possible de vous trouver sur Facebook**.
4. Cliquez sur **Continuer**.
5. Paramétrez l'option de réception des invitations. Par défaut, tout le monde peut vous envoyer une invitation. Si vous souhaitez que seuls les amis de vos amis puissent vous inviter à devenir ami, choisissez cette option.
6. Vos invitations en attente de réponse sont listées dans cette fenêtre. Vous pouvez confirmer ou supprimer des invitations, ou ignorer cette étape.
7. Cliquez sur **Suivant**.

5 MIN

NIVEAU :

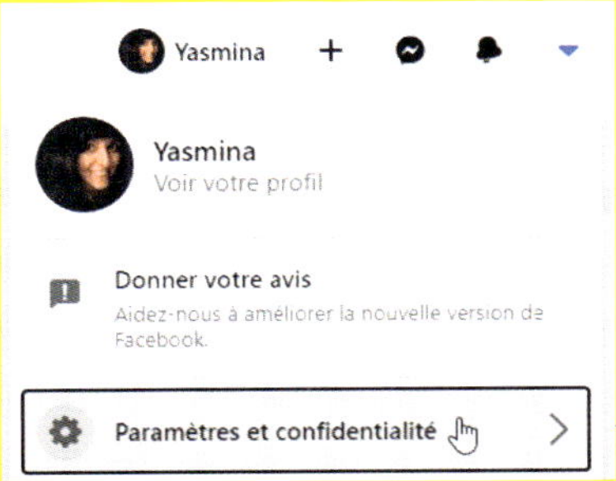

1

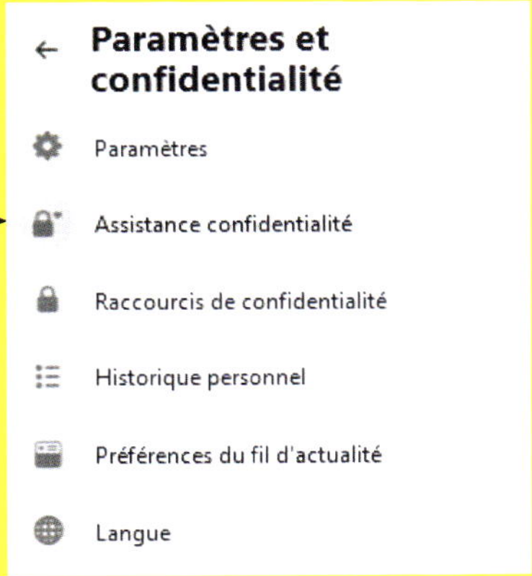

2

3

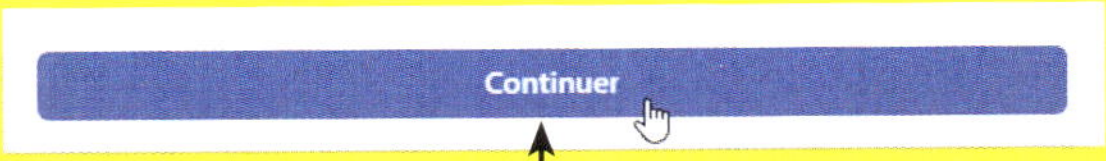

4

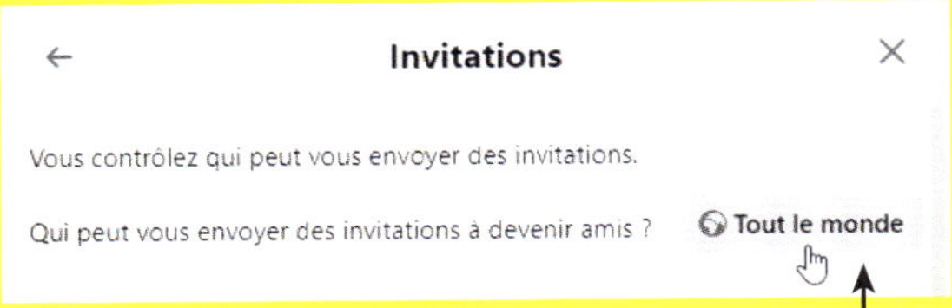

5

6

7

VÉRIFIER LA MANIÈRE D'ÊTRE TROUVÉ SUR FACEBOOK (SUITE)

8. Bien que votre numéro de téléphone et votre adresse e-mail ne soient pas visibles sur Facebook, même pour vos amis, il est possible pour un membre de Facebook d'effectuer une recherche utilisant ces informations pour vous trouver. Choisissez qui peut vous trouver par ce biais : tout le monde, vos amis, vos amis et leurs amis, ou encore personne (choisissez l'option **Moi uniquement**).

9. Cliquez sur **Suivant**.

10. Il existe une version restreinte de votre profil, visible par tout le monde, *via* les moteurs de recherche sur le Web comme Google : c'est le **profil de recherche publique**, ou **profil public** tout simplement. Vous pouvez décider de ne pas apparaître dans les résultats de recherche publique : désactivez l'option de la section **Moteurs de recherche**.

11. Cliquez sur **Suivant**. Vos réglages sont à jour.

> Le profil public a un intérêt : lorsque des personnes effectuent une recherche sur votre nom dans un moteur de recherche, elles peuvent vous retrouver par ce biais et ainsi savoir que vous êtes membre de Facebook. Ce qui peut aussi être un inconvénient, car n'importe qui peut le faire : un employeur potentiel, des contacts non souhaités, des inconnus, *etc.* À vous d'en décider.

5 MIN

NIVEAU :

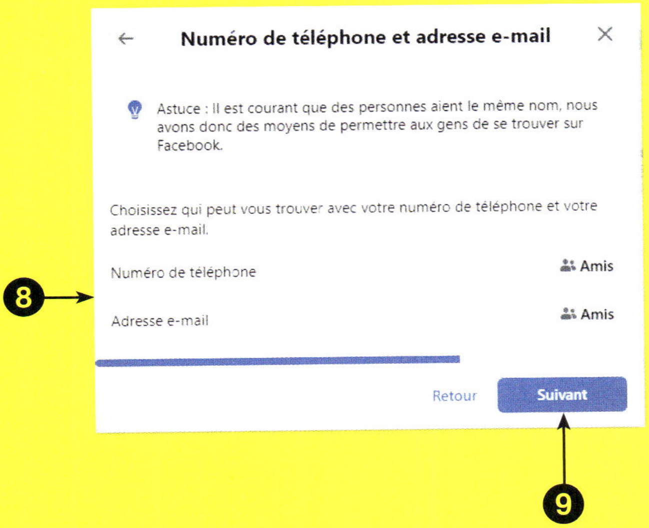
Numéro de téléphone et adresse e-mail
Astuce : Il est courant que des personnes aient le même nom, nous avons donc des moyens de permettre aux gens de se trouver sur Facebook.
Choisissez qui peut vous trouver avec votre numéro de téléphone et votre adresse e-mail.
Numéro de téléphone
Amis
Adresse e-mail
Amis
Retour
Suivant
8
9

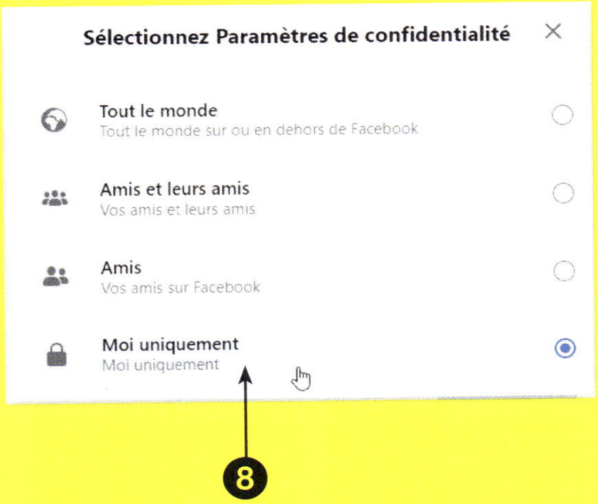
Sélectionnez Paramètres de confidentialité
Tout le monde
Tout le monde sur ou en dehors de Facebook
Amis et leurs amis
Vos amis et leurs amis
Amis
Vos amis sur Facebook
Moi uniquement
Moi uniquement
8

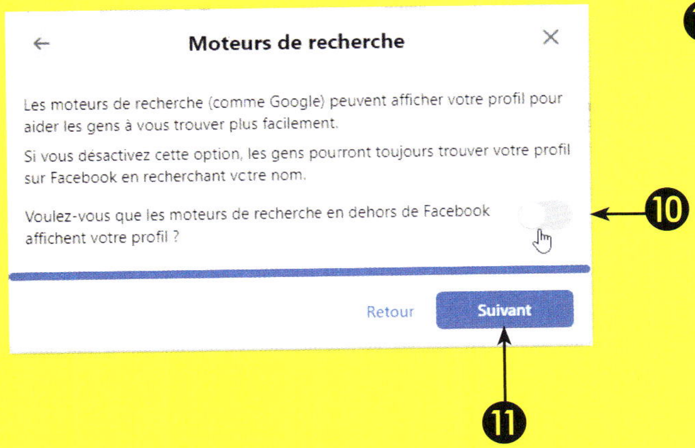
Moteurs de recherche
Les moteurs de recherche (comme Google) peuvent afficher votre profil pour aider les gens à vous trouver plus facilement.
Si vous désactivez cette option, les gens pourront toujours trouver votre profil sur Facebook en recherchant votre nom.
Voulez-vous que les moteurs de recherche en dehors de Facebook affichent votre profil ?
10
Retour
Suivant
11

11
Tout est à jour
Merci d'avoir vérifié comment il est possible de vous trouver sur Facebook. Vous pouvez modifier vos choix à tout moment dans les paramètres.
Invitations
Numéro de téléphone et adresse e-mail
Moteurs de recherche
Vérifier une autre rubrique

VÉRIFIER LES PARAMÈTRES DE SES DONNÉES

L'option **Les paramètres de vos données sur Facebook** d'**Assistance confidentialité** affiche les applications et les sites Web externes à Facebook auxquels vous avez donné accès à vos données dernièrement.

1. Cliquez sur ▾ → **Paramètres et confidentialité**.
2. Cliquez sur **Assistance confidentialité**.
3. Cliquez sur **Les paramètres de vos données sur Facebook**.
4. Cliquez sur **Continuer**.
5. La liste des applications et sites Web récemment utilisés à l'aide de vos informations d'identification Facebook s'affiche.
6. Cliquez sur **Retirer** pour révoquer une application. L'application n'aura plus accès à vos informations.
7. Cliquez sur **Suivant**. Vos réglages sont à jour.

Vous pourrez toujours autoriser à nouveau une application par la suite si nécessaire.

5 MIN NIVEAU :

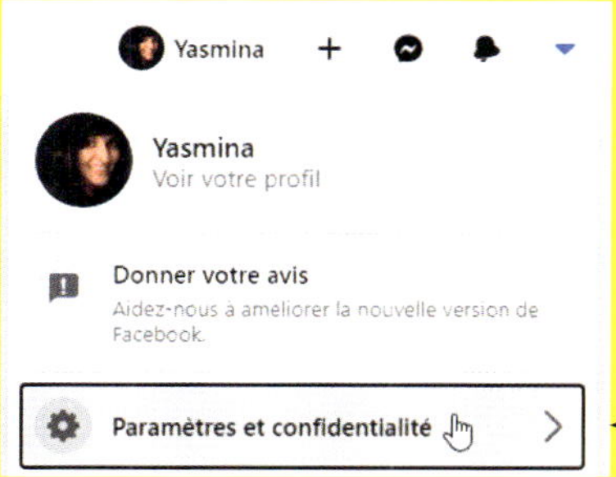
Yasmina
Yasmina
Voir votre profil
Donner votre avis
Aidez-nous à améliorer la nouvelle version de Facebook.
Paramètres et confidentialité

Paramètres et confidentialité
Paramètres
Assistance confidentialité
Raccourcis de confidentialité
Historique personnel
Préférences du fil d'actualité
Langue

Les paramètres de vos données sur Facebook
Il y a 4 jours

Continuer

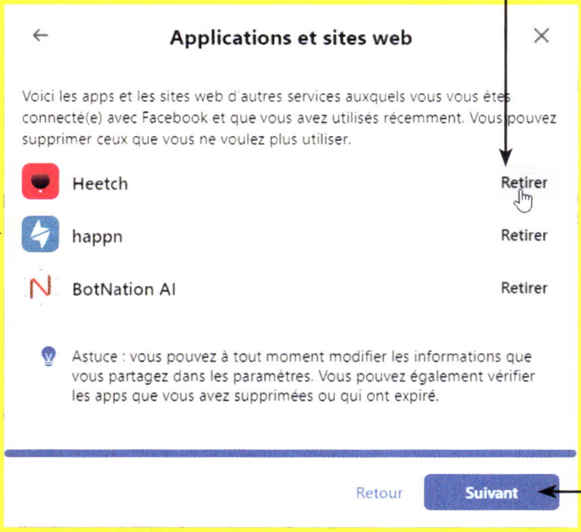
Applications et sites web
Voici les apps et les sites web d'autres services auxquels vous vous êtes connecté(e) avec Facebook et que vous avez utilisés récemment. Vous pouvez supprimer ceux que vous ne voulez plus utiliser.
Heetch Retirer
happn Retirer
BotNation AI Retirer
Astuce : vous pouvez à tout moment modifier les informations que vous partagez dans les paramètres. Vous pouvez également vérifier les apps que vous avez supprimées ou qui ont expiré.
Retour
Suivant

PARAMÉTRER LES PRÉFÉRENCES POUR LES PUBLICITÉS

Les publicités Facebook disposent de leurs propres réglages de confidentialité. Il est important de connaître et d'affiner ces options qui, par défaut, ouvrent en grand l'accès à de nombreuses données personnelles.

1. Cliquez sur ▾ → **Paramètres et confidentialité**.
2. Cliquez sur **Assistance confidentialité**.
3. Cliquez sur **Vos préférences pour les publicités sur Facebook**.

Il existe deux types de publicités : les publicités diffusées par des entités externes, c'est-à-dire des **sites Web et applications tiers** (et facturées par Facebook à ces entités) et les publicités associées à vos amis et relayant les offres de produits et services que les membres de votre réseau Facebook ont indiqué aimer ou ont partagées, dites **interactions sociales**.

4. Cliquez sur **Continuer**.
5. La section **Informations du profil** permet de choisir quelles informations sont accessibles ou non aux annonceurs. Désactivez les options de votre choix.
6. Cliquez sur **Suivant**.

3 MIN

NIVEAU :

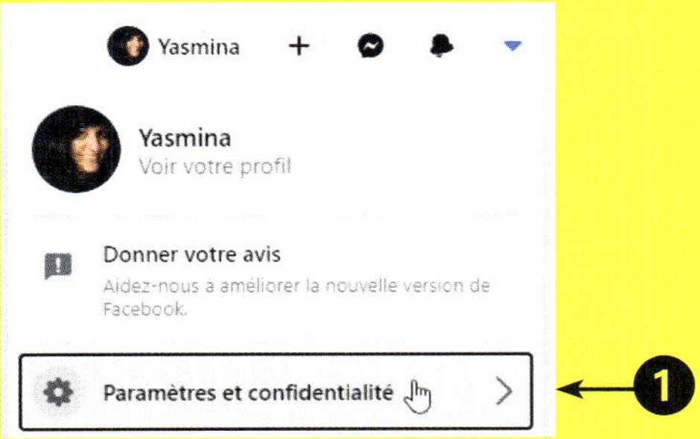

Yasmina
Yasmina
Voir votre profil
Donner votre avis
Aidez-nous à améliorer la nouvelle version de Facebook.
Paramètres et confidentialité
1

Paramètres et confidentialité
Paramètres
Assistance confidentialité
Raccourcis de confidentialité
Historique personnel
Préférences du fil d'actualité
Langue
2

Vos préférences pour les publicités sur Facebook
Il y a 4 jours
3

Continuer
4

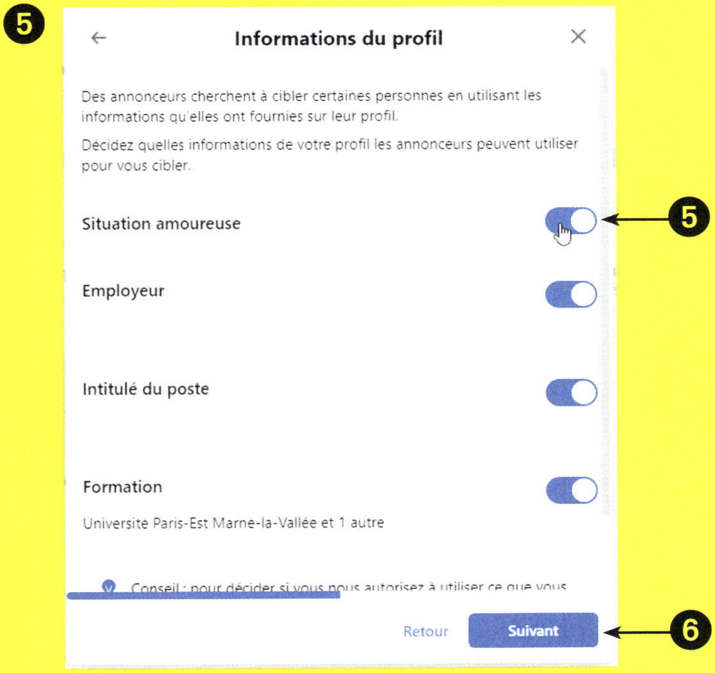

5
Informations du profil
Des annonceurs cherchent à cibler certaines personnes en utilisant les informations qu'elles ont fournies sur leur profil.
Décidez quelles informations de votre profil les annonceurs peuvent utiliser pour vous cibler.
Situation amoureuse
5
Employeur
Intitulé du poste
Formation
Université Paris-Est Marne-la-Vallée et 1 autre
Retour
Suivant
6

PARAMÉTRER LES PRÉFÉRENCES POUR LES PUBLICITÉS (SUITE)

7. Dans la section **Interactions sociales**, vous pouvez modifier les paramètres concernant ces publicités et refuser explicitement d'associer vos centres d'intérêt à des publicités sociales qui seraient diffusées auprès de vos amis. Choisissez l'option **Moi uniquement** si vous ne souhaitez pas que des publicités utilisant vos propres centres d'intérêt s'affichent dans le fil d'actualité de vos amis.

8. Cliquez sur **Suivant**.

9. Vos réglages sont à jour.

Vous l'aurez peut-être remarqué, Facebook est un site Web gratuit, mais sur lequel vous ne serez pas épargné par la publicité. Facebook utilise d'ailleurs vos informations personnelles et celles de vos amis pour mieux cibler ses annonces. Les réglages rapides accessibles *via* l'Assistance de confidentialité ne sont qu'une infime partie des options disponibles ! Pour accéder à tous les paramètres concernant la publicité, cliquez sur ▾ → **Paramètres et confidentialité** → **Paramètres** → **Publicités**.

3 MIN

NIVEAU :

7

8

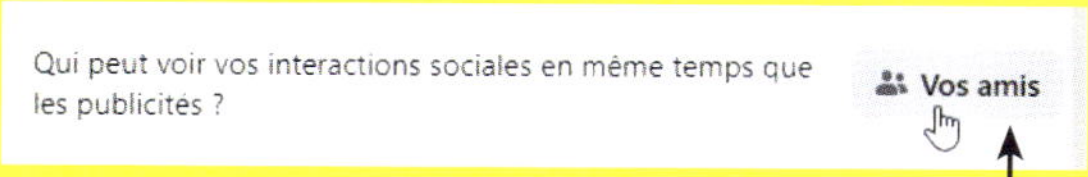

7

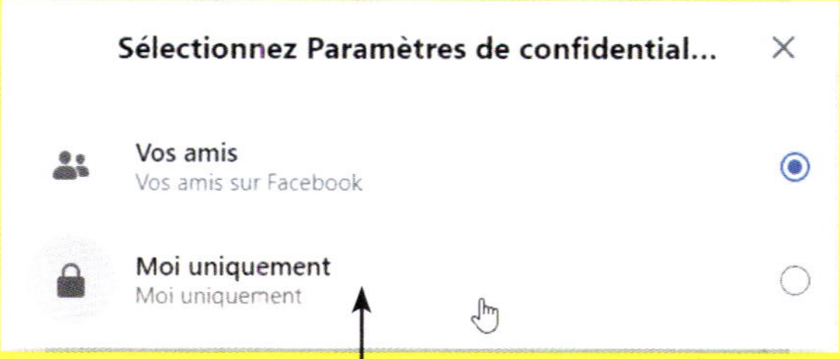

7

9

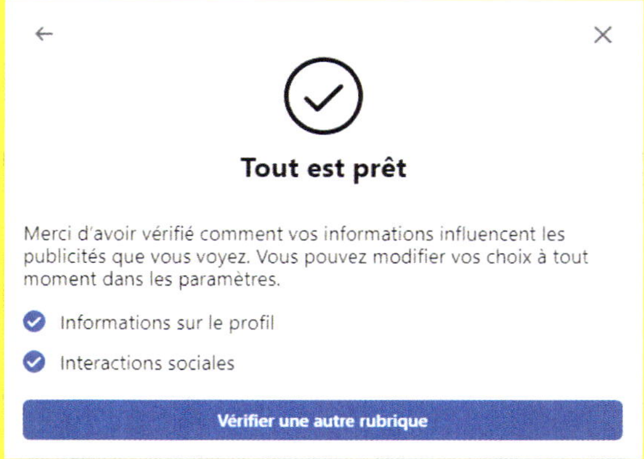

ACCÉDER À L'ENSEMBLE DES PARAMÈTRES DE CONFIDENTIALITÉ

❶ Cliquez sur ▾ → **Paramètres et confidentialité**.

❷ Cliquez sur **Paramètres**, puis sur **Confidentialité** dans le menu latéral.

❸ Les paramètres de confidentialité sont répartis en plusieurs sections : **Confidentialité**, **Journal et identification**, **Stories**, **Localisation**, **Blocage**, **Langue et région** et, enfin, **Reconnaissance faciale**. Cliquez sur l'option de votre choix dans la barre de menus à gauche.

❹ **Confidentialité** vous permet de décider qui peut voir votre contenu, vous contacter ou vous trouver sur Facebook et en dehors de Facebook (sur le Web *via* les moteurs de recherche).

❺ **Journal et identification** sert à gérer les contenus et les identifications vous concernant dans votre journal, ainsi que dans les photos et publications de vos amis sur Facebook.

5 MIN

NIVEAU :

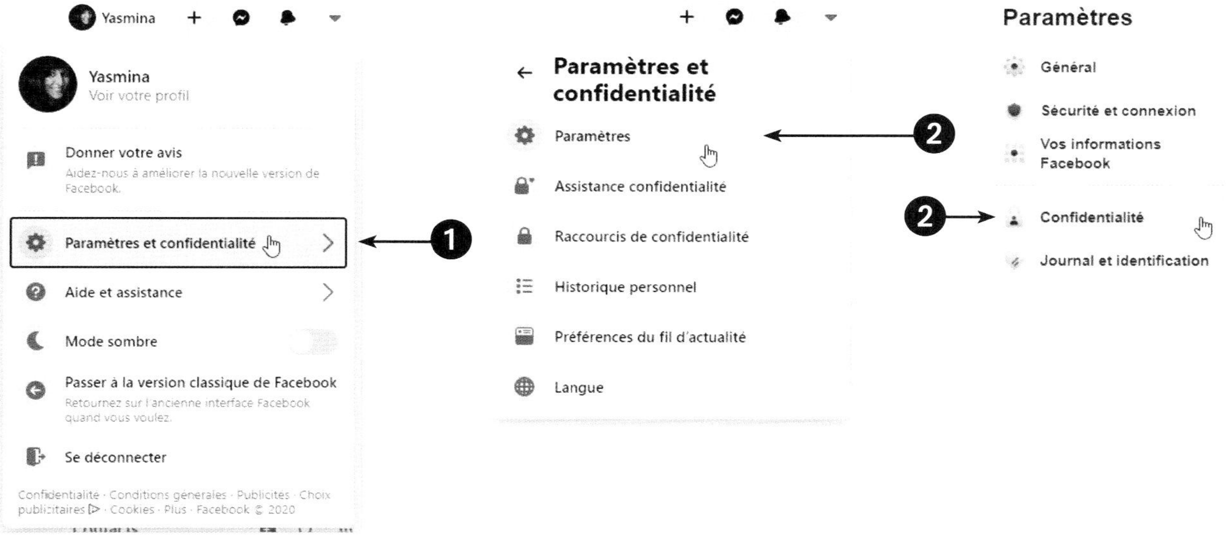
Yasmina
Yasmina
Voir votre profil
Donner votre avis
Aidez-nous à améliorer la nouvelle version de Facebook.
Paramètres et confidentialité
1
Aide et assistance
Mode sombre
Passer à la version classique de Facebook
Retournez sur l'ancienne interface Facebook quand vous voulez.
Se déconnecter
Confidentialité · Conditions générales · Publicités · Choix publicitaires · Cookies · Plus · Facebook © 2020
Paramètres et confidentialité
Paramètres
2
Assistance confidentialité
Raccourcis de confidentialité
Historique personnel
Préférences du fil d'actualité
Langue
Paramètres
Général
Sécurité et connexion
Vos informations Facebook
2
Confidentialité
Journal et identification

Paramètres
Général
Sécurité et connexion
Vos informations Facebook
4
Confidentialité
5
Journal et identification
Stories
3
Localisation
Blocage
Langue et région
Reconnaissance faciale
Notifications
Paramètres d'identification et de journal
Journal
Qui peut publier sur votre journal ?
Moi uniquement
Qui peut voir ce que d'autres personnes publient sur votre journal ?
Amis
Permettre aux autres de partager vos stories publiques dans leurs stories personnelles ?
Oui
Masquer les commentaires contenant certains mots sur votre journal
Non
Identification
Qui peut voir les publications dans lesquelles vous êtes identifié(e) sur votre journal ?
Amis
Lorsqu'on vous identifie sur une publication, quelles personnes qui ne peuvent pas la voir voudriez-vous ajouter à l'audience ?
Amis

ACCÉDER À L'ENSEMBLE DES PARAMÈTRES DE CONFIDENTIALITÉ (SUITE)

❻ **Stories** permet d'autoriser le partage de vos stories ou non par d'autres.

❼ **Localisation** concerne les appareils mobiles. Facebook enregistre par défaut tout votre historique de localisation afin de vous proposer des informations géolocalisées (lieux et activités à découvrir, par exemple). Désactivez l'option **Activer l'historique de localisation pour vos appareils mobiles ?** pour empêcher Facebook d'enregistrer vos localisations précises.

❽ **Blocage** permet de contrôler les applications et les membres Facebook que vous avez bloqués ou restreints.

❾ **Langue et région** permet de définir les options concernant les traductions automatiques des publications en langue étrangère.

❿ **Reconnaissance faciale** permet d'accepter ou non que Facebook puisse vous reconnaître si vous apparaissez sur des photos ou des vidéos grâce à son algorithme d'identification des visages.

1 MIN NIVEAU :

Paramètres
Général
Sécurité et connexion
Vos informations Facebook
Confidentialité
Journal et identification
Stories
Paramètres des stories
Options de partage
Permettre aux autres de partager vos stories publiques dans leur story personnelle ?
Autoriser
Autoriser les gens à partager vos stories si vous mentionnez leur nom ?
Ne pas autoriser
6

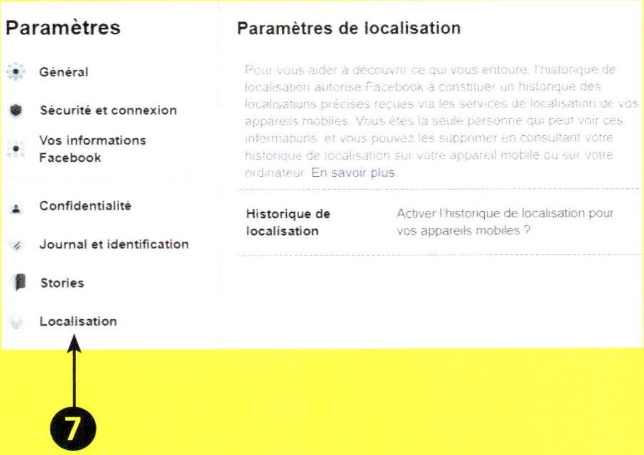
Paramètres
Général
Sécurité et connexion
Vos informations Facebook
Confidentialité
Journal et identification
Stories
Localisation
Paramètres de localisation
Pour vous aider à découvrir ce qui vous entoure, l'historique de localisation autorise Facebook à constituer un historique des localisations précises reçues via les services de localisation de vos appareils mobiles. Vous êtes la seule personne qui peut voir ces informations, et vous pouvez les supprimer en consultant votre historique de localisation sur votre appareil mobile ou sur votre ordinateur. En savoir plus.
Historique de localisation
Activer l'historique de localisation pour vos appareils mobiles ?
7

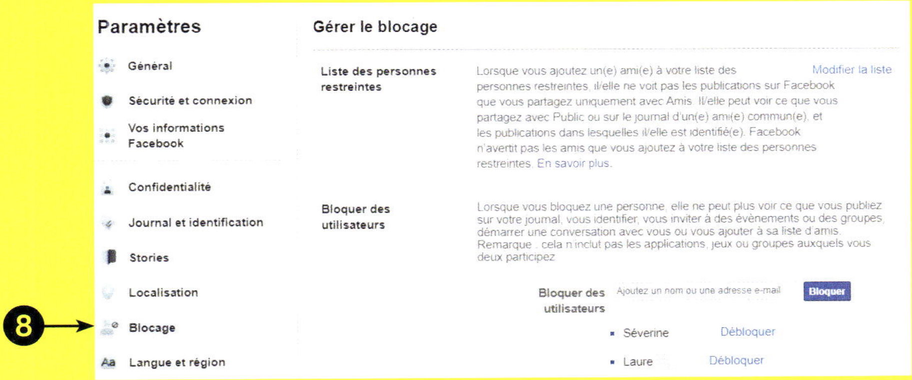
Paramètres
Général
Sécurité et connexion
Vos informations Facebook
Confidentialité
Journal et identification
Stories
Localisation
Blocage
Langue et région
Gérer le blocage
Liste des personnes restreintes
Lorsque vous ajoutez un(e) ami(e) à votre liste des personnes restreintes, il/elle ne voit pas les publications sur Facebook que vous partagez uniquement avec Amis. Il/elle peut voir ce que vous partagez avec Public ou sur le journal d'un(e) ami(e) commun(e), et les publications dans lesquelles il/elle est identifié(e). Facebook n'avertit pas les amis que vous ajoutez à votre liste des personnes restreintes. En savoir plus.
Modifier la liste
Bloquer des utilisateurs
Lorsque vous bloquez une personne, elle ne peut plus voir ce que vous publiez sur votre journal, vous identifier, vous inviter à des évènements ou des groupes, démarrer une conversation avec vous ou vous ajouter à sa liste d'amis. Remarque : cela n'inclut pas les applications, jeux ou groupes auxquels vous deux participez.
Bloquer des utilisateurs
Ajoutez un nom ou une adresse e-mail
Bloquer
Séverine
Débloquer
Laure
Débloquer
8

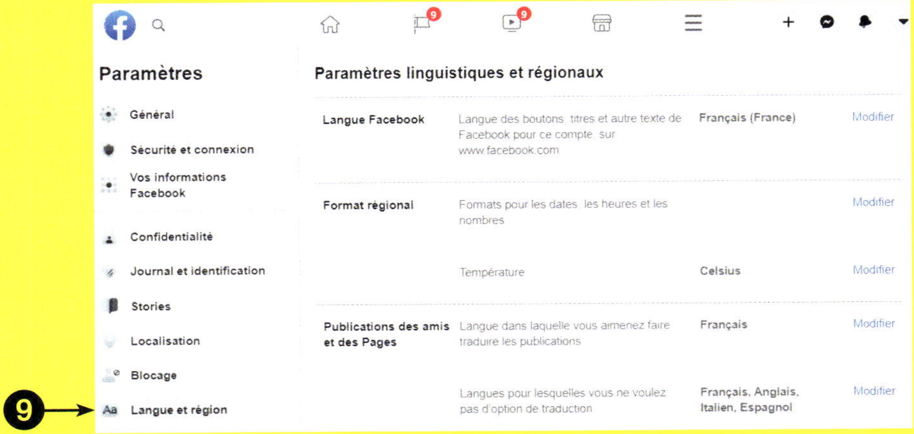
9
9
Paramètres
Général
Sécurité et connexion
Vos informations Facebook
Confidentialité
Journal et identification
Stories
Localisation
Blocage
Langue et région
Paramètres linguistiques et régionaux
Langue Facebook
Langue des boutons, titres et autre texte de Facebook pour ce compte, sur www.facebook.com
Français (France)
Modifier
Format régional
Formats pour les dates, les heures et les nombres
Modifier
Température
Celsius
Modifier
Publications des amis et des Pages
Langue dans laquelle vous aimenez faire traduire les publications
Français
Modifier
Langues pour lesquelles vous ne voulez pas d'option de traduction
Français, Anglais, Italien, Espagnol
Modifier
9

CONTRÔLER QUI PEUT PUBLIER DANS LE JOURNAL

Par défaut, vos amis peuvent publier dans votre journal. Vous pouvez l'interdire.

1. Cliquez sur ▾ → **Paramètres et confidentialité**.
2. Cliquez sur **Paramètres**, puis sur **Journal et identification** dans le menu latéral.
3. Cliquez sur **Modifier** en regard de **Qui peut publier dans votre journal ?**. Choisissez l'option **Moi seulement** pour ne pas autoriser les publications d'autrui dans votre journal.
4. Pour examiner les publications qui apparaissent dans votre journal chaque fois qu'un ami vous identifie dans l'une de ses publications, vérifiez que l'option **Examiner les publications dans lesquelles vos amis vous identifient avant qu'elles n'apparaissent sur votre journal ?** est paramétrée sur **Oui**. À défaut, cliquez sur **Modifier**, puis sélectionnez **Activé** dans le menu d'options. Toute publication vous mentionnant devra alors être approuvée par vos soins avant d'apparaître dans votre journal.

2 MIN

NIVEAU :

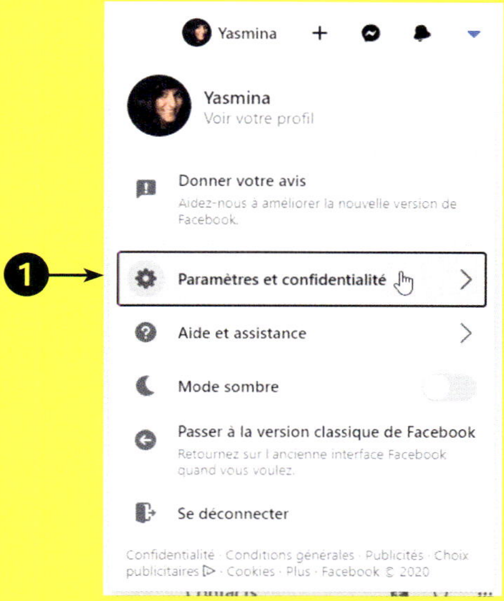

Yasmina
Yasmina
Voir votre profil
Donner votre avis
Aidez-nous à améliorer la nouvelle version de Facebook.
1
Paramètres et confidentialité
Aide et assistance
Mode sombre
Passer à la version classique de Facebook
Retournez sur l'ancienne interface Facebook quand vous voulez.
Se déconnecter
Confidentialité · Conditions générales · Publicités · Choix publicitaires · Cookies · Plus · Facebook © 2020

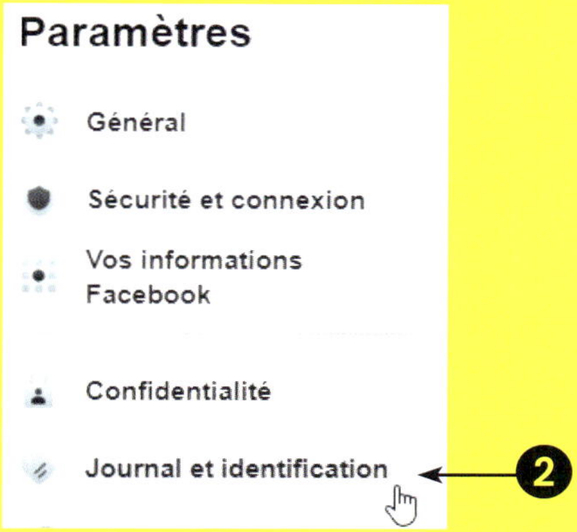

Paramètres
Général
Sécurité et connexion
Vos informations Facebook
Confidentialité
Journal et identification
2

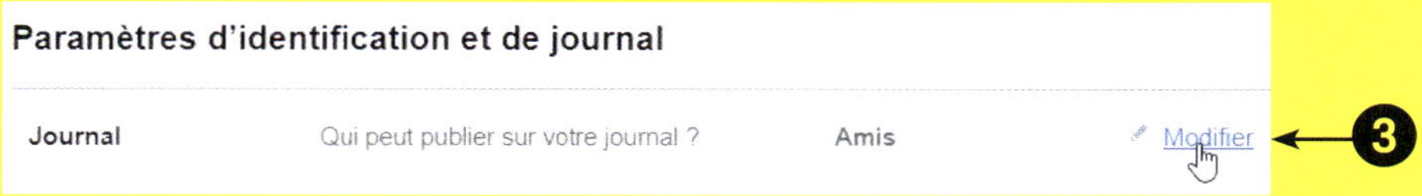

Paramètres d'identification et de journal
Journal
Qui peut publier sur votre journal ?
Amis
Modifier
3

Qui peut publier sur votre journal ?
Amis
Amis
Moi uniquement
3

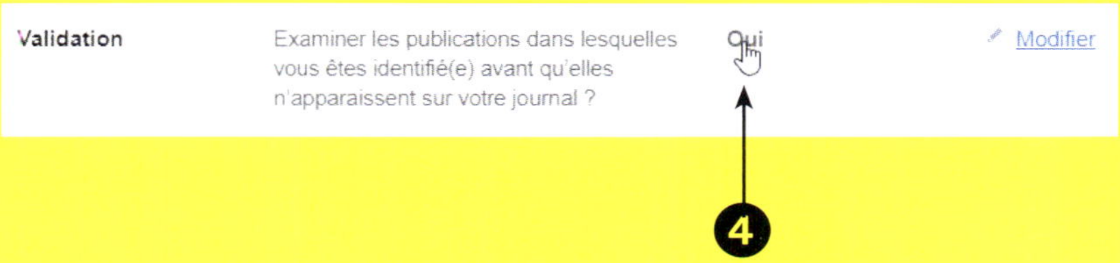

Validation
Examiner les publications dans lesquelles vous êtes identifié(e) avant qu'elles n'apparaissent sur votre journal ?
Modifier
4

GÉRER LES NOTIFICATIONS

Par défaut, Facebook vous enverra un courriel pour vous informer d'à peu près tout ce qui se passe sur le réseau : des demandes d'ajout aux messages d'amis en passant par les commentaires sur la moindre photo ! Les messages peuvent donc devenir très vite trop nombreux et envahissants. Heureusement, vous pouvez aussi paramétrer ces notifications et décider exactement ce dont vous souhaitez être informé par Facebook.

1. Cliquez sur ▾ → **Paramètres et confidentialité**.
2. Cliquez sur **Paramètres**, puis sur **Notifications** dans la barre de menus à gauche de la page.
3. Dans la section **Paramètres de notification**, vous pouvez choisir la manière dont les notifications vous seront signalées. Pour chaque élément, choisissez la manière dont vous souhaitez être notifié. N'en choisissez aucune pour ne pas recevoir de notification.
4. **Navigateur** concerne les notifications affichées dans votre navigateur Web sous la forme de pastilles rouges, sur l'icône en haut à droite de la fenêtre de Facebook. Pour qu'aucun son ne soit émis à l'arrivée d'une nouvelle notification, désactivez l'option **Émettre un son à chaque nouvelle notification** dans la zone **Méthodes de notification** en bas de page. De même pour les messages.

3 MIN

NIVEAU :

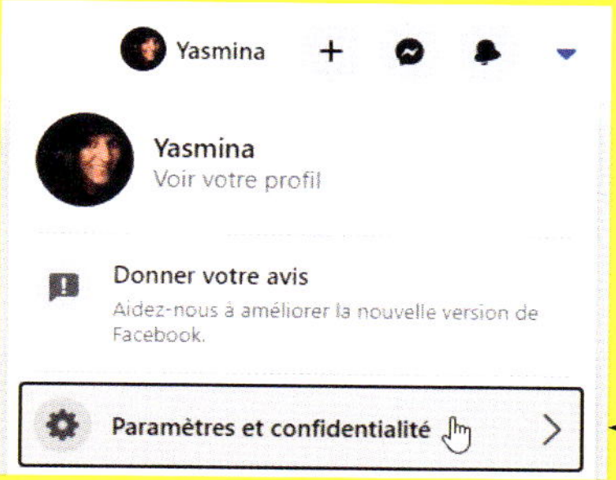

1

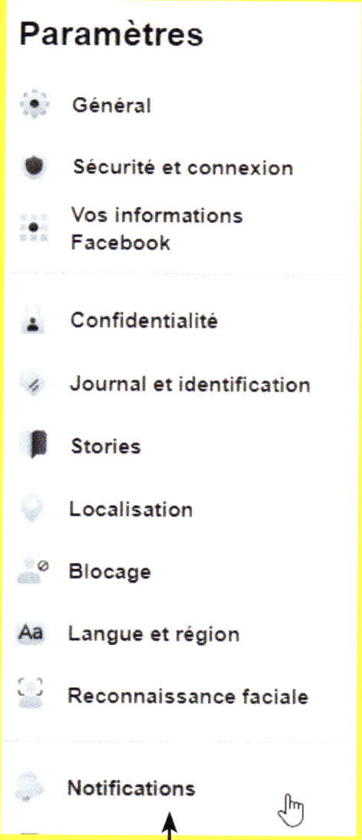

2

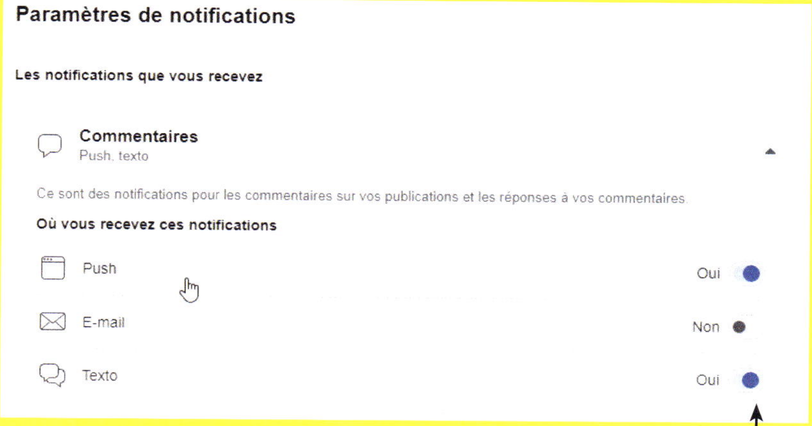

3

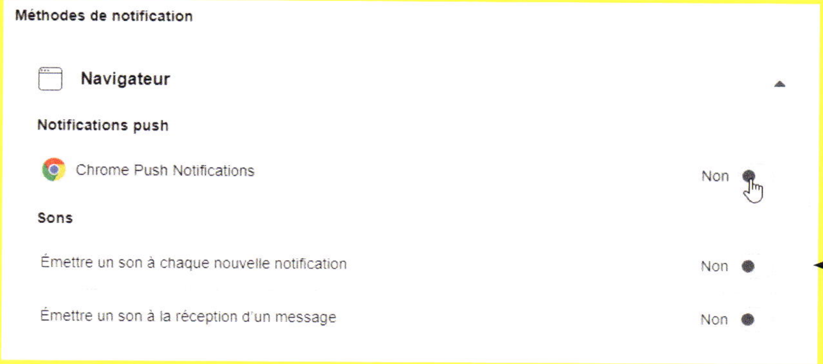

4

GÉRER LES NOTIFICATIONS (SUITE)

Vous recevrez toujours les notifications relatives à toute activité vous concernant (lorsque vous êtes identifié sur une photo ou que votre nom est cité dans un commentaire, par exemple), ce réglage n'étant pas modifiable.

5. **E-mail** permet de choisir quelles notifications vous seront aussi signalées par message électronique, à l'adresse indiquée dans votre compte. Il y a trois niveaux de notifications. Si vous vous connectez régulièrement à Facebook, l'option **Concernant votre compte seulement** est déjà amplement suffisante.

6. **Texto** vous permet de recevoir des notifications par SMS. Vous pouvez activer les textos en cliquant sur le lien proposé mais sachez que cela n'ira pas plus loin car, à l'heure où ces lignes sont écrites, le service n'est pas disponible en France ! Nos lecteurs francophones en Belgique ou au Canada, par exemple, pourront bénéficier de ce service.

3 MIN

NIVEAU :

E-mail
Concernant votre compte seulement
@gmail.com
Adresse e-mail principale
Fréquence des e-mails
Tout
Toutes les notifications, sauf celles que vous avez désactivées
Suggestions
Notifications qui pourraient vous intéresser, sauf celles que vous avez désactivées
Concernant votre compte seulement
Uniquement les notifications concernant votre compte, votre sécurité et votre confidentialité
5

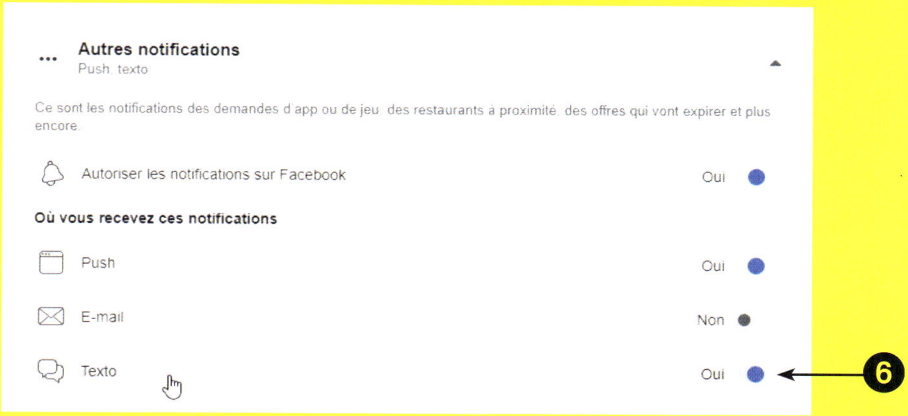
Autres notifications
Push, texto
Ce sont les notifications des demandes d'app ou de jeu, des restaurants à proximité, des offres qui vont expirer et plus encore.
Autoriser les notifications sur Facebook
Oui
Où vous recevez ces notifications
Push
Oui
E-mail
Non
Texto
Oui
6

CHANGER DE NOM

En principe, vous avez indiqué votre nom complet au moment de votre inscription sur Facebook et ne devriez pas avoir besoin de le changer, d'autant que les conditions d'utilisation exigent l'utilisation de votre « vrai » nom. Cette information ne fait donc pas partie des données éditables de votre profil. La question peut néanmoins se poser en cas de changement d'état civil (mariage ou divorce) ou si vous décidez d'indiquer un surnom, par exemple.

1. Cliquez sur ▾ → **Paramètres et confidentialité**.
2. Cliquez sur **Paramètres**, puis sur **Général** dans la barre de menus à gauche de la page.
3. Cliquez sur **Modifier** en regard de **Nom**.
4. Modifiez votre nom.

2 MIN

NIVEAU :

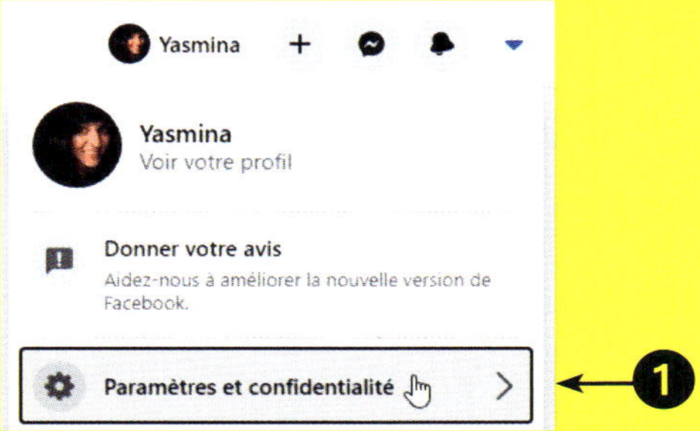

Yasmina
Yasmina
Voir votre profil
Donner votre avis
Aidez-nous à améliorer la nouvelle version de Facebook.
Paramètres et confidentialité
1

Paramètres
Général
2

Paramètres généraux du compte
Nom
Yasmina S
Modifier
3

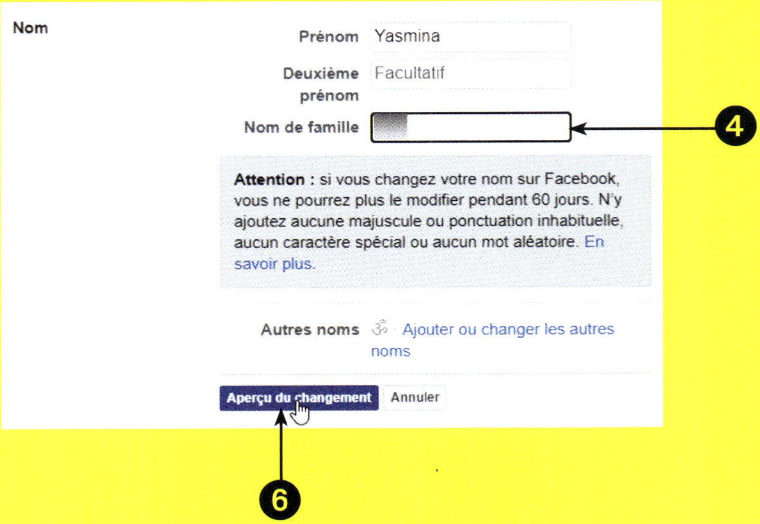

Nom
Prénom
Yasmina
Deuxième prénom
Facultatif
Nom de famille
4
Attention : si vous changez votre nom sur Facebook, vous ne pourrez plus le modifier pendant 60 jours. N'y ajoutez aucune majuscule ou ponctuation inhabituelle, aucun caractère spécial ou aucun mot aléatoire. En savoir plus.
Autres noms
Ajouter ou changer les autres noms
Aperçu du changement
Annuler
6

CHANGER DE NOM (SUITE)

5. Le champ **Autre nom** permet d'indiquer votre nom de jeune fille, un surnom ou un nom professionnel. Activez l'option **Afficher en haut du profil** pour qu'il s'affiche après votre nom principal dans votre journal. À défaut, cet autre nom sera utilisé uniquement dans les résultats de recherche.

6. Cliquez sur le bouton **Aperçu du changement** puis sur **Enregistrer les modifications**.

7. Votre demande est en attente d'approbation par Facebook. Elle peut être refusée si vous ne respectez pas les règles relatives aux noms autorisés sur Facebook.

Pour limiter les abus, Facebook effectue une vérification systématique à chaque demande de changement de nom et limite le nombre de changements de nom possibles. Facebook demande à ses membres d'indiquer et d'utiliser leur nom et leur identité réels. C'est l'un des principes fondateurs mêmes du site. Les conditions d'utilisation sont donc très strictes sur ce point et, si vous êtes inscrit sous votre vrai nom, vous ne devriez rencontrer aucune difficulté particulière. Sachez toutefois que les noms ne peuvent pas inclure les éléments suivants : symboles, chiffres, mise en majuscules inhabituelle ou ponctuation ; caractères qui n'appartiennent pas à une même langue ; titres religieux, militaires ou de profession ; mots, phrases ou surnoms à la place du deuxième prénom (un surnom peut être employé au lieu d'un prénom ou comme deuxième prénom s'il s'agit d'une variante de votre vrai prénom ou de votre nom de famille, comme JP pour Jean-Philippe) ; contenu offensant ou explicite de quelque nature que ce soit. Pour ajouter un autre nom à votre compte, comme votre nom de jeune fille, votre surnom ou un nom professionnel, utilisez le champ **Autre nom**. Les comptes sont individuels et ne peuvent donc faire figurer que le nom d'une et une seule personne. Facebook interdit bien entendu de créer un compte au nom d'autrui, d'utiliser une autre identité que la vôtre ou de vous faire passer pour une autre personne.

2 MIN

NIVEAU :

5

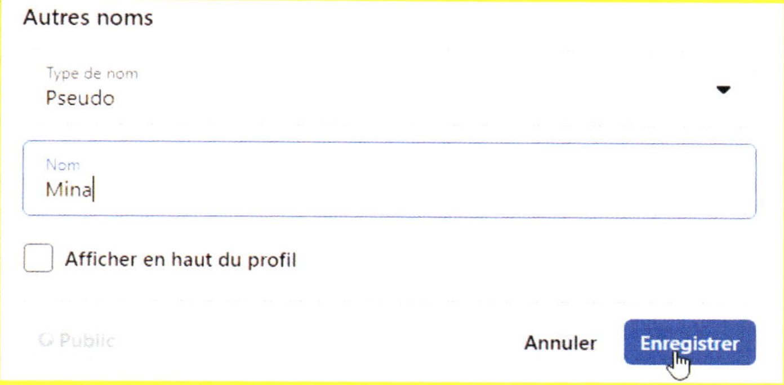

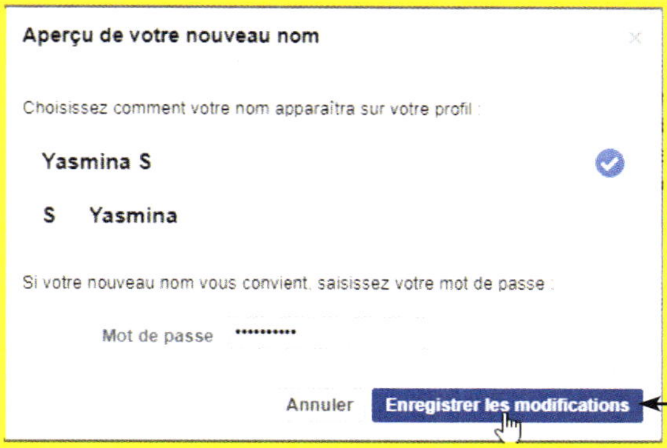

6

7

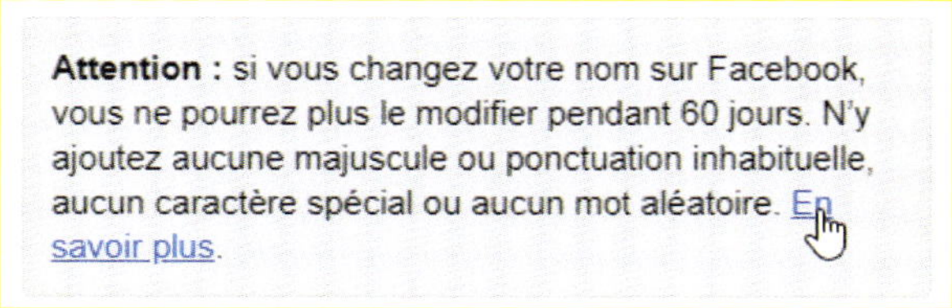

DÉSACTIVER SON COMPTE

Si vous ne souhaitez plus utiliser votre compte Facebook ou apparaître sur le site, c'est possible ! Il y a en fait deux niveaux de suppression : la **simple désactivation**, qui est temporaire, et la **suppression définitive**. La désactivation permet de continuer à utiliser Facebook Messenger.

1. Cliquez sur ▾ → **Paramètres et confidentialité**.
2. Cliquez sur **Paramètres**, puis sur **Vos informations Facebook** dans la barre de menus à gauche de la page.
3. Cliquez sur **Voir** dans la section **Désactivation et suppression** en bas de page.
4. Si vous choisissez l'option **Désactiver le compte**, votre profil sera effacé de Facebook mais réactivable à tout moment. Même après la désactivation de votre compte, vos amis pourront continuer à vous inviter aux évènements, vous identifier sur des photos, vous inviter à rejoindre des groupes, *etc.*
5. Cliquez sur **Poursuivre la désactivation du compte**.

1 MIN

NIVEAU :

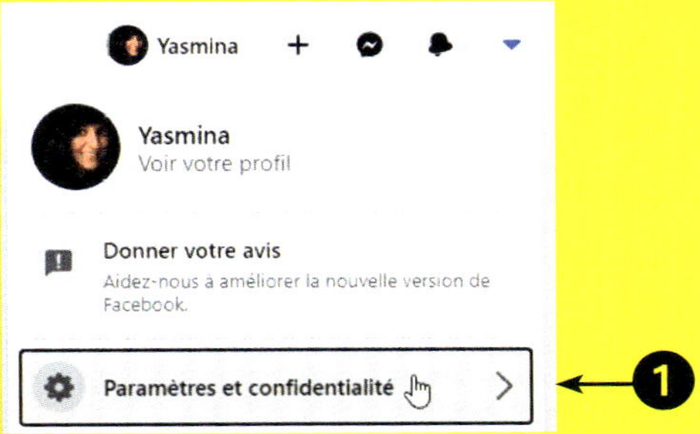
Yasmina
Yasmina
Voir votre profil
Donner votre avis
Aidez-nous à améliorer la nouvelle version de Facebook.
Paramètres et confidentialité
1

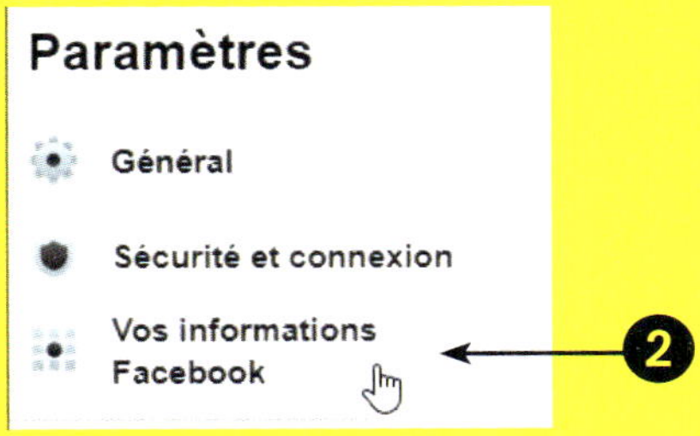
Paramètres
Général
Sécurité et connexion
Vos informations Facebook
2

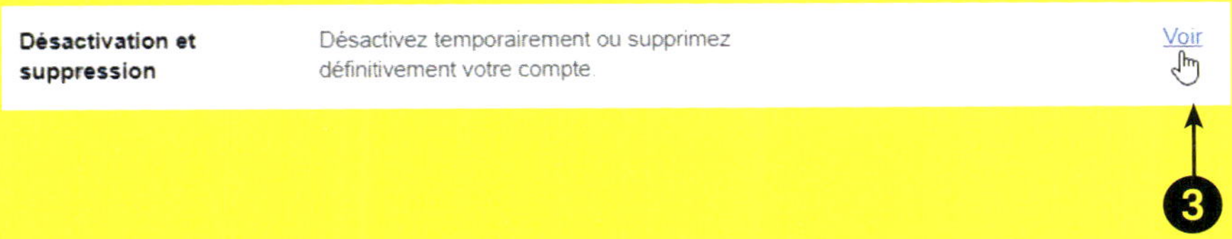
Désactivation et suppression
Désactivez temporairement ou supprimez définitivement votre compte.
Voir
3

Suppression ou désactivation de votre compte Facebook
Si vous voulez prendre vos distances par rapport à Facebook, vous pouvez désactiver votre compte. Si vous préférez supprimer votre compte Facebook de façon définitive, dites-le nous.
4
Désactiver le compte
Deactivating your account can be temporary.
Votre profil sera désactivé et votre nom et vos photos seront supprimés de la plupart du contenu que vous avez partagé. Vous pourrez continuer à utiliser Messenger.
Supprimer définitivement le compte
Deleting your account is permanent.
Lorsque vous supprimez votre compte Facebook, vous ne pouvez plus en récupérer le contenu ou les informations que vous avez partagés sur Facebook. Votre Messenger, ainsi que tous vos messages, seront également supprimés.
Annuler
Poursuivre la désactivation du compte
5

DÉSACTIVER SON COMPTE (SUITE)

6 Cliquez sur **Désactiver maintenant**.

7 Votre compte est désactivé. Il suffit de vous connecter, une seule fois, exactement comme vous le faisiez auparavant, pour réactiver immédiatement et intégralement votre compte.

La **simple désactivation** de votre compte Facebook annule votre présence sur le site, mais vous permet à tout moment de revenir et retrouver votre profil, votre réseau, vos groupes et pages, comme si vous n'étiez jamais parti. Cela veut donc aussi dire que Facebook conserve toutes vos données et photos dans ses registres !

1 MIN

NIVEAU :

6

7

SUPPRIMER SON COMPTE

La **suppression définitive** de votre compte efface complètement et irrémédiablement toutes vos données, sans possibilité de récupération ultérieure. Facebook s'engage dans ce cas à supprimer les données vous concernant. La suppression concerne aussi votre accès à Facebook Messenger.

1. Cliquez sur ▾ → **Paramètres et confidentialité**.
2. Cliquez sur **Paramètres**, puis sur **Vos informations Facebook** dans la barre de menus à gauche de la page.
3. Cliquez sur **Voir** dans la section **Désactivation et suppression** en bas de page.
4. Choisissez l'option **Supprimer définitivement le compte**. Cliquez sur **Poursuivre la suppression du compte**.
5. Vous pouvez télécharger l'ensemble de vos données publiées sur Facebook avant la suppression : cliquez sur **Télécharger les infos**.

3 MIN

NIVEAU :

Yasmina
Yasmina
Voir votre profil
Donner votre avis
Aidez-nous à améliorer la nouvelle version de Facebook.
Paramètres et confidentialité
1

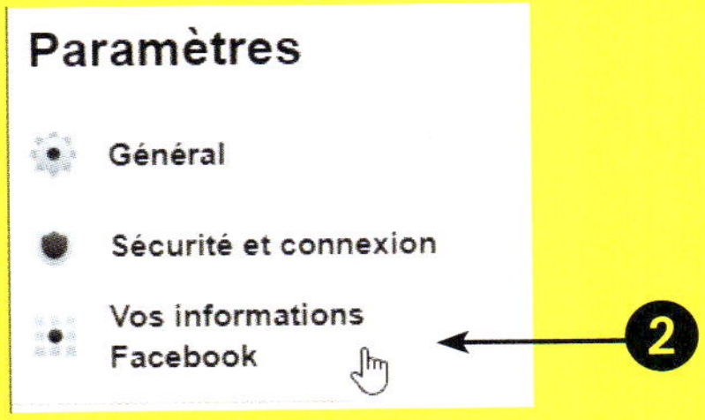

Paramètres
Général
Sécurité et connexion
Vos informations Facebook
2

4
Supprimer définitivement le compte
Deleting your account is permanent.
Lorsque vous supprimez votre compte Facebook, vous ne pouvez plus en récupérer le contenu ou les informations que vous avez partagées sur Facebook. Votre Messenger, ainsi que tous vos messages, seront également supprimés.
Annuler
Poursuivre la suppression du compte
4

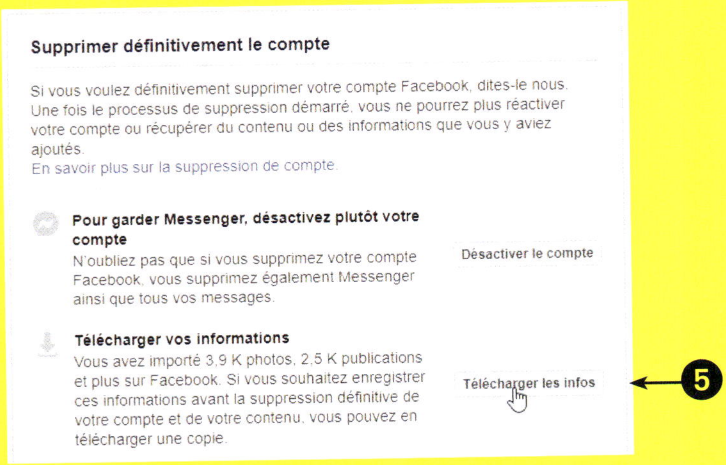

Supprimer définitivement le compte
Si vous voulez définitivement supprimer votre compte Facebook, dites-le nous. Une fois le processus de suppression démarré, vous ne pourrez plus réactiver votre compte ou récupérer du contenu ou des informations que vous y aviez ajoutés.
En savoir plus sur la suppression de compte.
Pour garder Messenger, désactivez plutôt votre compte
N'oubliez pas que si vous supprimez votre compte Facebook, vous supprimez également Messenger ainsi que tous vos messages.
Désactiver le compte
Télécharger vos informations
Vous avez importé 3,9 K photos, 2,5 K publications et plus sur Facebook. Si vous souhaitez enregistrer ces informations avant la suppression définitive de votre compte et de votre contenu, vous pouvez en télécharger une copie.
Télécharger les infos
5

SUPPRIMER SON COMPTE (SUITE)

6. Cliquez sur **Supprimer le compte**.
7. Indiquez votre mot de passe, puis cliquez sur **Continuer** et enfin sur **Supprimer le compte**.
8. Votre compte sera supprimé définitivement 30 jours après cette procédure.

Attention : après ce délai, la récupération des informations de votre compte n'est plus possible, de même que la réactivation. Avant ce délai, vous pouvez toujours changer d'avis : il suffit de vous connecter à Facebook et votre compte sera réactivé.

3 MIN NIVEAU :

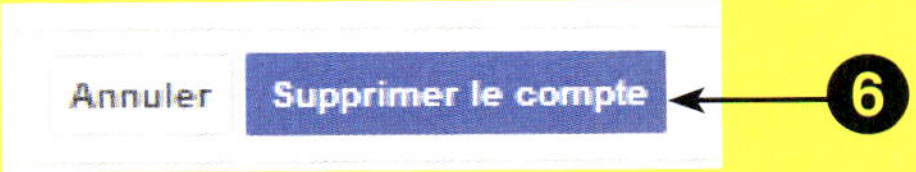
Annuler
Supprimer le compte
6

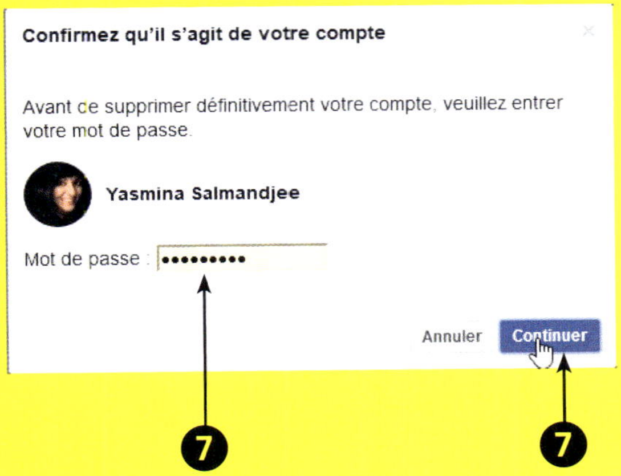
Confirmez qu'il s'agit de votre compte
Avant de supprimer définitivement votre compte, veuillez entrer votre mot de passe.
Yasmina Salmandjee
Mot de passe :
Annuler
Continuer
7
7

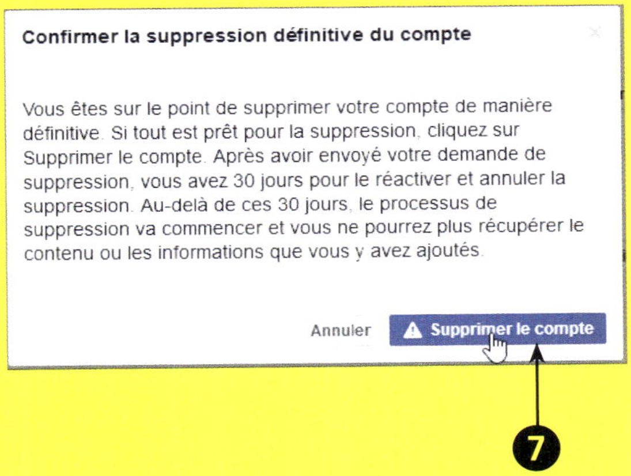
Confirmer la suppression définitive du compte
Vous êtes sur le point de supprimer votre compte de manière définitive. Si tout est prêt pour la suppression, cliquez sur Supprimer le compte. Après avoir envoyé votre demande de suppression, vous avez 30 jours pour le réactiver et annuler la suppression. Au-delà de ces 30 jours, le processus de suppression va commencer et vous ne pourrez plus récupérer le contenu ou les informations que vous y avez ajoutés.
Annuler
Supprimer le compte
7

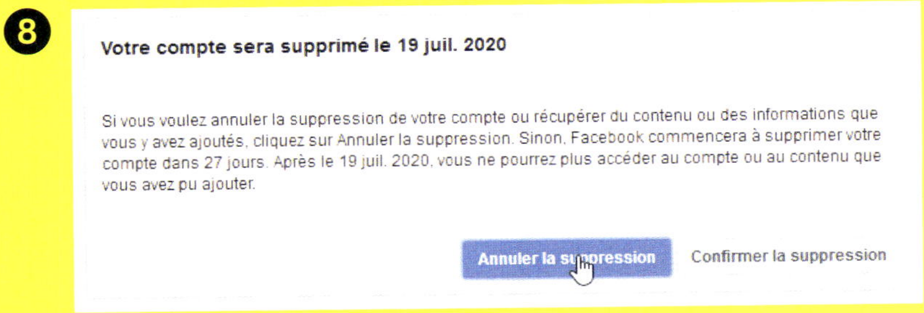
8
Votre compte sera supprimé le 19 juil. 2020
Si vous voulez annuler la suppression de votre compte ou récupérer du contenu ou des informations que vous y avez ajoutés, cliquez sur Annuler la suppression. Sinon, Facebook commencera à supprimer votre compte dans 27 jours. Après le 19 juil. 2020, vous ne pourrez plus accéder au compte ou au contenu que vous avez pu ajouter.
Confirmer la suppression

INDEX

M

N

O

P

R

S

T

V